UNWIDERSTEHLICH LEBEN

Wie du als Frau mit Online-Marketing erfolgreich bist

Mara Stix

Be wonderful! Verlag - www.be-wonderful.at
ISBN: 978-3-902969-23-1
©2015 be wonderful! e.U. & Dr. Margret Stix

Cover: Daniel Morawek
Fotos: Doris Fastenmeier

Inhaltsverzeichnis

1. Meine Geschichte: Von der Unternehmensberaterin zur Online-Unternehmerin 5

TEIL I: Die Grundlagen für dein erfolgreiches Business .. 11

2. 11 Gründe aus deiner Berufung ein Business zu machen 11
3. Wie du ein Business aufbaust, das zu dir passt 19
4. Warum du (noch) nicht genug Geld mit deinem Business verdienst 33
5. Warum Online-Marketing so wunderbar geeignet ist, dich dabei zu unterstützen deine Berufung zu leben 47

TEIL II Wie du deine eigene Online-Marketingstrategie entwickelst 57

6. Wie du deine idealen Zielkundinnen findest 59
7. Durch einen erfolgreichen Blog im Netz sichtbar werden 65
8. Wie du deine eigene E-Mail-Liste aufbaust 73
9. Wie du ein Freebie für deine Zielkundinnen erstellst 79
10. Personal Branding – Du entwickelst aus dir eine Marke 87
11. Wie du dir eine Expertinnen-Positionierung in deiner Nische aufbaust 95
12. Wie du dein Wissen in ein digitales Produkt verpackst 101
13. Wie du in 5 Schritten deinen automatisierten Verkaufsprozess aufbaust 109
14. Zusammenfassung und nächste Schritte 115

Ressourcen-Liste 117
Meine weiterführenden Kurse 119
Über Dr. Mara Stix 122
Bonus-Kapitel: Webseite 2.0 - von Norbert Hofer 123
Die Vision des be wonderful! Verlags 129
Weitere Bücher im be wonderful! Verlag 131
Copyright und Haftungsausschluss 135

Hallo und herzlich willkommen in diesem Buch!

Ich freue mich sehr, dass du dabei bist!

Als Ergänzung zu diesem Buch gibt es umfangreiche Ressourcen in Form von Arbeitsblättern, Checklisten und weiterführenden Videotrainings.

Bitte gehe gleich auf meine Webseite

unwiderstehlich-leben.marastix.com

und lade sie dir herunter.

Im Text nehme ich dann immer auf die jeweilige Ressource Bezug. Du kannst sie dir ausdrucken und als Unterstützung für die jeweilige Übung bzw. das jeweilige Kapitel verwenden.

Jetzt wünsche ich dir viel Freude mit diesem Buch!

Herzliche Grüße

Mara

1. Meine Geschichte: Von der Unternehmensberaterin zur Online-Unternehmerin

Hallo, mein Name ist Mara und ich freue mich sehr, dass du dieses Buch in Händen hältst. Dieses Buch ist für dich, wenn du so wie ich glaubst, dass du aus einem ganz bestimmten Grund hier auf der Welt bist. Dass du eine Berufung oder Lebensaufgabe zu erfüllen hast.

Ich war 33 Jahre alt, als ich meine Berufung erfahren habe ...

Aber lass mich am Anfang beginnen.

Schon als Kind war ich chronisch neugierig, wollte ständig neue Dinge ausprobieren und habe meinen Eltern Löcher in den Bauch gefragt. Durch meine heutigen Coaching-Ausbildungen weiß ich, dass ich eine sogenannte vielbegabte Scannerin bin. So nennt die amerikanische Psychologin Barbara Sher Menschen, die es lieben, laufend neue Dinge zu lernen und Projekte zu starten.

Scannerinnen haben so viele Interessen, dass es ihnen häufig sehr schwer fällt, sich für nur ein Ding zu entscheiden. Sie haben nicht nur ein Talent, sondern viele und tun sich oftmals sehr schwer, den für sie richtigen Beruf zu finden. Und genau so ging es mir auch!

Als Kind wollte ich Schauspielerin, Bibliothekarin, Geschichtenerzählerin und Sängerin werden. Geschichten in jeder Form haben mich schon immer fasziniert, sowohl Geschichten zu lesen als auch selbst zu schreiben.

Kein Wunder, dass ich heute so viel Freude an der Produktion von Blog-Artikeln, Videos und Podcasts habe. Meine erste Geschichte habe ich mit 5 Jahren mit einem alten Kassettenrekorder aufgenommen. Das Kreieren von Content (wie wir Online-Inhalte nennen) liegt mir also wirklich im Blut.

Außerdem verfüge ich seit meiner Kindheit über eine große Sensitivität. Ich konnte schon früh Dinge sehen und hören, die andere nicht sahen und ich war sehr verträumt und sensibel. In Summe war ich wohl ein recht seltsames Kind, am liebsten zurückgezogen und allein mit einem guten Buch in einem Tagtraum.

Es war immer schon sehr schwer für mich, diese unterschiedlichen Talente unter einen Hut zu bekommen und eine passende Schublade (also Jobprofil) für mich zu finden. Auf die Frage meiner Eltern, was ich denn einmal studieren will, fand ich keine Antwort. Schließlich entschied ich mich für Betriebswirtschaft. Hauptsächlich deshalb, weil das mein damaliger Freund auch studierte und weil mir nichts Besseres einfiel.

Die ständige Suche nach neuen Erfahrungen und der Wunsch laufend Neues zu lernen war für mich ein Leben lang wie eine Sucht. Das Abarbeiten von Routinetätigkeiten dagegen ein Alptraum. Die schlimmste Vorstellung für mich war nach der Uni bis zur Rente meine Zeit von 09:00 bis 17:00 immer bei den gleichen, langweiligen Tätigkeiten abzusitzen.

Stattdessen träumte ich davon zu reisen, die Welt zu sehen und spannende Abenteuer zu erleben. Um meinen Traum wenigstens teilweise wahr zu machen, entschied ich mich nach dem Studium Unternehmensberaterin zu werden. Da konnte ich laufend Neues lernen und war ständig auf Reisen.

Schon mit 26 Jahren hatte ich den Status einer Senatorin bei Lufthansa (der 2. höchste Status bei Miles & More) und war es gewohnt, Business Class zu fliegen und in 5 Sterne Hotels zu wohnen.

Meine Marketingkonzepte wurden österreichweit im Einzelhandel umgesetzt und ich beriet Geschäftsführer und Vorstände von mittelständischen Unternehmen und großen Konzernen. Bei 90% der Meetings war ich die einzige Frau am Tisch und die einzige teilnehmende Person unter 45 Jahren.

Unnötig zu sagen, dass ich auch sehr gut verdiente und um meiner Freude an der laufenden Weiterbildung Rechnung zu tragen, ging ich mit 28 noch einmal für 2 Jahre auf die Uni zurück, um meinen Doktor zu machen.

Mit 30 Jahren hatte ich dann alles erreicht, wovon ich immer geträumt hatte: Ich hatte meinen Doktor fertig und einen gut bezahlten Job bei einer der renommiertesten, österreichischen Unternehmensberatungen.

Als ich das alles erreicht hatte, passierte dann etwas Seltsames: Statt glücklich, stolz und zufrieden zu sein, fühlte ich mich leer. Zur damaligen Zeit stand ich immer unter Stress, ich arbeitete 60 Stunden die Woche und hatte praktisch kein Leben außerhalb des Jobs. Wenn mein Handy läutete, zuckte ich zusammen, aus Angst, was jetzt schon wieder passiert war.

Ich wurde zunehmend depressiv und kam in der Früh fast nicht aus dem Bett. Mein Leben kam mir sinnlos vor. Ich stellte mir die Frage, ob ich mir wirklich vorstellen konnte, so für die nächsten 30 - 40 Jahre weiterzumachen. Sehr schnell kam ich zu meiner Antwort: NEIN! Auf keinen Fall!

Was immer noch da war, war meine chronische Neugierde und mein Wunsch mich weiterzuentwickeln. Da ich ja über genug Geld verfügte und auch ausreichend Urlaub hatte, fing ich an Seminare zu besuchen und Ausbildungen zu machen.

Ich entwickelte ein großes Interesse an Persönlichkeitsentwicklung, aber auch spirituellen Themen. Ich wollte mich selbst kennenlernen, mich entdecken, herausfinden, wer ich wirklich bin und warum ich hier auf der Erde bin.

So machte ich eine Ausbildung zum Psychosozialen Coach mit Schwerpunkt auf Hochbegabte und Hochsensible. Im Rahmen dieser Ausbildung hörte ich auch zum ersten Mal den Begriff einer vielbegabten Scannerin und erkannte mich auch sofort als solche. Zusätzlich merkte ich auch, dass ich hochsensibel und hochsensitiv war und die Fähigkeiten hatte Stimmungen und Energien wahrzunehmen, die andere Menschen nicht hatten.

Da ich mich immer schon sehr für Kommunikation interessierte, machte ich zusätzlich eine NLP- und Hypnose-Ausbildung bis zur Trainerin. Und immer noch war mein Wissensdurst nicht gestillt und da eine weitere meiner Lieblingsbeschäftigungen das Reisen ist, kombinierte ich meine Freude an Weiterbildung mit meiner Freude am Reisen und besuchte Seminare auf Hawaii, Ibiza und in New Mexico. Immer dabei mich selbst kennenzulernen und zu entdecken.

Und je mehr ich mich selbst kennenlernte, desto weniger passte ich in meinen früheren Job als Unternehmensberaterin. Ich merkte, dass ich nicht länger hart und tough wie ein besserer Mann sein wollte. Ich wollte mein Geld auf weibliche Art verdienen. Ich wollte mich nicht länger verstellen, verbiegen und versuchen, es den anderen Recht zu machen. Ich wollte authentisch sein und trotzdem Geld verdienen.

Aber lange Zeit war mir überhaupt nicht klar, wie ich das anstellen sollte. Zur damaligen Zeit wusste ich nicht, wie ich mich selbst vermarkten und verkaufen konnte. Ich hatte überhaupt keine Kundinnen und nur geringe Ersparnisse, da ich immer mein ganzes Geld für Reisen und Seminare ausgegeben hatte. Da war nur dieser starke Wunsch mich selbstständig zu machen und mein eigenes Business zu haben, in dem ich alles so machen konnte, wie ich wollte.

Da ich immer unglücklicher und depressiver wurde, entschied ich mich meinen Job als Unternehmensberaterin auf Teilzeit zu reduzieren und begann nebenberuflich als Coach zu arbeiten. Ich wusste nicht, wie ich Kundinnen gewinnen sollte und verdiente fast kein Geld. Meine Umsätze zu der Zeit lagen in den meisten Monaten unter 500 Euro. Also kein Gedanke davon zu leben. Und so gerne ich meinen Job gekündigt hätte, war doch klar, dass das keine Option war, solange ich nicht gelernt hatte, mich selbst gut zu verkaufen und vermarkten.

Da ich und meine Werte allerdings immer weniger in meinen Job passten, kam dann Ende des Jahres 2013 der Moment, wo mir klar wurde, dass ich diesen Spagat zwischen einem Job, an den ich immer weniger glaubte und meinem persönlichen Weg der Weiterentwicklung nicht mehr lange aufrecht erhalten konnte und ich wusste, dass ich kündigen musste.

Lange stellte ich mir die Frage, ob ich mir einen neuen Job suchen oder völlig ins eiskalte Wasser springen und mein eigenes Business in Vollzeit starten sollte. Ich schrieb dann eine einzige Bewerbung (auf eine Stelle als Bereichsleiterin an einer Fachhochschule) und bekam sofort eine Zusage. An diesem Tag überlegte ich sehr lange, dann nahm ich den Hörer in die Hand und rief dort an, um die Stelle abzusagen. Danach verkaufte ich mein Auto, um etwas Startkapital für mein Business zu haben.

Ich setzte alles auf eine Karte und wusste, dass es jetzt keinen Weg mehr zurück gab.

Meinen Klientinnen empfehle ich langsam und nebenberuflich zu starten, aber für mich selbst war das nicht der richtige Weg. Ich wollte aufs Ganze gehen. Dann begann das spannendste Jahr meines Lebens: Ich lernte, was es heißt, wirklich Unternehmerin zu sein. Und ich wusste, dass ich nicht irgendein Business wollte, sondern eines, das wirklich auf meiner Berufung basiert. Ich wollte keine Rollen mehr spielen und keine Masken mehr tragen. Ich wollte ein Business, in dem ich 100% authentisch sein konnte, 100% ich.

In einem spirituellen Seminar erfuhr ich mit 33 meinen spirituellen Namen und meine Lebensaufgabe: Mein Name ist Dharma Devi, die die Rechtschaffenheit der Frauen hütet und meine Berufung oder Lebensaufgabe ist es, Frauen dabei zu unterstützen ihren Platz einzunehmen und in ihre volle Größe zu gehen. Und ich wusste, genau das ist es, was ich machen wollte und nichts anderes.

Aber eine Reihe von Fragen waren für mich völlig offen:

- Wie verdiene ich mit dieser Berufung Geld?
- Wie bringe ich meine Botschaft in die Welt?
- Wie finde ich Klientinnen und Kundinnen?
- Wie positioniere ich mich und stelle meine Besonderheit heraus?
- Wie starte ich fast ohne Ersparnisse ein Business?
- Wie mache ich aus meiner Berufung ein Produkt, das meinen Klientinnen dient?
- Und wie mache ich das alles auf eine authentische Art und Weise, die zu mir passt, die sich gut und schön anfühlt?
- Und wie finde ich daneben Zeit, um zu reisen und die Freiheit mich laufend weiterzuentwickeln?

Und oftmals ist es so, wenn die Schülerin bereit ist, findet sich der Lehrer und ich lernte einen sehr erfolgreichen Online-Marketer kennen, der mir von Online-Marketing erzählte. Er beschrieb mir sein Business, in dem er mit digitalen Produkten online Geld verdient, mit dem er Unmengen an Menschen erreicht und von überall auf der Welt aus arbeitet.

Und ich wusste sofort: Das ist der fehlende Puzzlestein! Das ist genau die Information, die mir gefehlt hatte!

Denn das war die Lösung für alle meine Probleme: Ein Business, in dem ich ganz viele Menschen erreichen konnte! Ein Business, in dem ich (zumindest theoretisch) unbegrenzte Einkommensmöglichkeiten habe, weil sich digitale Produkte 100- oder 1.000-fach verkaufen lassen. Und ein Business, in dem ich die Zeit und die Freiheit habe, zu reisen und von überall auf der Welt aus zu arbeiten.

Damals hörte sich das wie ein Traum an, aber nur ein Jahr später war dieses Business für mich Realität geworden!

Heute mache ich 70-80% von meinem Umsatz komplett automatisiert über das Internet mit digitalen Produkten. Ich bin zu 100% ortsunabhängig, da ich auch meine Einzelberatungen und sogar Seminare über Skype oder Google Hangouts durchführe. Das Einzige, was ich brauche, ist ein Internetzugang. Durch die digitalen Produkte verdiene ich auch Geld, wenn ich in Seminaren bin, am Pool liege oder schlafe.

Und die meisten meiner Klientinnen für die Einzelberatungen sind Kundinnen, die vorher die digitalen Produkte gekauft haben. Da ich nur mehr sehr wenige Klientinnen für meine Einzelberatungen annehme, kann ich es mir leisten mit meinen absoluten Traumkundinnen zu arbeiten.

Aber das Beste von allem ist, dass ich ENDLICH, zum ersten Mal in meinem Leben, das Gefühl habe, meine vollen PS auf die Straße zu bringen und wirklich mein ganzes Potenzial zu leben. Ich fühle mich 100% wach, inspiriert und motiviert. Ich genieße meine Arbeit und erlebe eine unglaubliche Befriedigung durch das, was ich tue.

Dieses Buch hilft dir dabei das Gleiche zu erreichen: Aus deiner Berufung ein erfolgreiches Business zu machen, das Leben von vielen Menschen zu inspirieren und zu verbessern und deine vollen PS auf die Straße zu bringen und dabei richtig glücklich zu werden.

Dabei wünsche ich dir ganz viel Freude!

Deine Mara

TEIL I: Die Grundlagen für dein erfolgreiches Business

2. 11 Gründe, warum du aus deiner Berufung ein Business machen solltest

Lass uns mit einer wichtigen Frage starten, nämlich: Warum sollst du überhaupt aus deiner Berufung ein Business machen? Du kannst deine Berufung ja auch als Hobby leben und beruflich etwas ganz anderes machen.

Daher möchte ich, bevor ich anfange dir die Vorteile zu beschreiben, die es mit sich bringt, die eigene Berufung zu leben und ein (hoffentlich) erfolgreiches Business daraus zu machen, dir die Antwort auf diese Frage geben, die mir immer wieder gestellt wird:

Ich habe meine Berufung gefunden, aber muss ich sie unbedingt zu meinem Beruf machen?

Meine Antwort darauf ist: Du musst sie nicht zu deinem Beruf machen, zumindest nicht in Vollzeit.

Allerdings halte ich es für einen großen Fehler von Seminar zu Seminar bzw. Coaching zu Coaching zu laufen und auf der Suche nach seiner Berufung oder Lebensaufgabe zu sein, aber nie etwas davon auch umzusetzen, um anderen Menschen damit zu dienen.

Du hast deine Gaben und Talente ja nicht zum Spaß oder nur für dich selbst bekommen, sondern um zu GEBEN. Mit den Talenten ist es wie mit einer Kuh, die zwar viel Milch hat, aber nicht gemolken wird.

Nicht gelebtes Talent tut weh!

Deine Fähigkeiten und Talente wollen auf die Welt kommen, sie wollen sich manifestieren und dir helfen, deine Berufung zu leben und deine Lebensaufgabe zu erfüllen. Denn die Wahrheit ist: Solange du mit deiner Berufung niemandem dienst, lebst du sie nicht! Auch wenn du schon 20 Seminare und Ausbildungen besucht hast.

»Vocation is where our greatest passion meets the world's greatest need.« (Frederick Buechner)

Auf Deutsch: Die Berufung ist da, wo unsere größte Leidenschaft auf das größte Bedürfnis der Welt trifft.

Das bedeutet, dass du deine Talente und Gaben nicht einfach nur als Selbstzweck bekommen hast, sondern, um anderen Menschen damit zu helfen.

Du entwickelst deine Gaben dadurch, dass du sie verwendest. Wenn du sie nicht nutzt, dann verstauben sie mit der Zeit und werden immer schwächer.

Auf der anderen Seite erlebst du unglaublichen Sinn und Befriedigung in deinem Leben, wenn du deine Gaben und Talente entwickelst und lebst, um damit anderen Menschen zu dienen und sie zu unterstützen. Und das ist der wahre Sinn und Zweck dahinter aus der eigenen Berufung ein Business zu machen. Der Erfolg kommt dann automatisch in dem Maße, wie du dich selbst als Person lebst und entfaltest.

Wenn dein Ziel ist, mit deiner Berufung das einfache, schnelle Geld zu machen, dann sage ich dir gleich: Vergiss es! Das funktioniert überhaupt nicht!

Wenn du unbedingt Geld brauchst, dann suche dir besser einen Job. Da ist nichts Schlimmes oder Unehrenhaftes dabei! Es ist sehr smart einen Job zu haben, der die Rechnungen bezahlt.

Aber du kannst ja klein und nebenberuflich anfangen und einfach einmal abwarten, wo sich dein Berufungsbusiness hin entwickelt, sofern du nicht sowieso schon in Vollzeit selbstständig bist.

Und hier sind meine 11 Gründe, warum du das unbedingt tun solltest:

1. Durch das Geben deiner Gaben wirst du immer mehr du

Deine Berufung zu leben bedeutet nichts anderes als deine Gaben, die du mitbekommen hast, der Welt zu geben. Du entwickelst deine Gaben dadurch, dass du sie verwendest. Wenn du sie nicht nutzt, dann verstauben sie mit der Zeit und werden immer schwächer. Aber:

Durch das Geben deiner Gaben wirst du immer mehr du!

Durch das Leben deiner Berufung bzw. deiner Lebensaufgabe erhältst du die Möglichkeit, dich selbst 100% zu entdecken und zu finden.

2. Du bringst deine vollen PS auf die Straße und hilfst ganz vielen Menschen

Das ist der am häufigsten geäußerte Wunsch von meinen Klientinnen. Sie wollen endlich ihre vollen PS auf die Straße bringen und ihr gesamtes Potenzial leben.

Nur wenn du deine Berufung oder Lebensaufgabe lebst und dich selbst ganz und gar entdeckst und findest, kannst du deine vollen PS auf die Straße bringen.

Die meisten Menschen folgen ihrer Berufung oder Lebensaufgabe, weil sie etwas auf der Welt bewegen wollen. Wenn du das findest, was so richtig deins ist, dann kannst du ganz vielen Menschen helfen.

3. Du lebst deine Einzigartigkeit und hast nie wieder Konkurrenz

Deine Berufung zu leben bedeutet nichts anderes als Schritt für Schritt deine Gaben und Geschenke für die Welt auszupacken. Damit tust du genau das, wofür du hier auf die Welt gekommen bist und wirst Schritt für Schritt immer mehr du.

Und kein Mensch auf dieser Welt kann besser darin sein, du zu sein als: DU! Mit der Zeit kreierst du rund um deine Persönlichkeit deine eigene Marke (Personal Branding).

Aufgrund schlauer Produkt- und Preisgestaltung vermeidest du den Preiskampf mit deiner Konkurrenz und durch die Qualität deiner Marke bezahlen die Kundinnen und Klientinnen gerne etwas mehr.

Somit hast du nie wieder Konkurrenz! Du musst dich nie wieder vergleichen und niemanden mehr beneiden!

4. Du findest ein ganz starkes Warum

Deine Seele und dein Herz wissen genau, was deine Berufung oder Lebensaufgabe ist. Auch wenn dein Verstand es vielleicht nicht glauben mag.

Wenn du dem Ruf deiner Seele und deinem Herzen folgst, findest du großes Glück und tiefe Befriedigung. Denn dann hast du dein »Warum« gefunden. Also den Grund, warum du auf der Welt bist und warum du tust, was du tust. Das ist die stärkste, mögliche Motivation.

Denn du tust etwas, das für dich Sinn und Wert stiftet, weil es dich wirklich erfüllt. Und am Ende deines Lebens weißt du ganz genau, dass du nichts versäumt, sondern alles gelebt hast.

Durch das Glück, das du erfährst, wenn du deinem Herzen und deiner Seele folgst, wirst du immer strahlender und schöner. Da spreche ich aus eigener Erfahrung.

Das kommt vom Glück und der Zufriedenheit, die du erlebst, wenn du tust, was du liebst.

5. Du baust dir ein Business auf, das zu 100% auf deinen Zielen und Werten basiert

Du hast bestimmte Ziele, die du verfolgen willst? Du möchtest z.B. am Meer leben oder dir die Zeit frei einteilen können, weil du Kinder hast?

Wenn du dein eigenes Business hast, dann kannst du alle diese Ziele verfolgen und wahr machen.

Freiheit ist ein wichtiger Wert von dir oder Teamarbeit? Du kannst ein Business aufbauen, in dem du große Freiheit hast (z.B. arbeiten kannst, wann du willst) oder in dem du mit anderen Menschen im Team arbeitest.

6. Du baust etwas für die Zukunft auf

Wenn du dir Schritt für Schritt dein eigenes Business aufbaust, dann schaffst du dir etwas für die Zukunft. Eine starke Marke, viele zufriedene Kundinnen, gute Prozesse und Systeme, die dir die Arbeit abnehmen und dazu führen, dass du in Zukunft mehr Freiheit und mehr Sicherheit in deinem Leben hast.

7. Statt Langeweile hast du Abenteuer in deinem Leben

Das Schlimmste im Leben ist Langeweile. Niemand will sie, aber fast alle kennen sie. Die Langeweile kommt, wenn wir nicht das tun, wofür wir hier auf der Erde sind.

Fange an, deine Berufung zu leben und sehr schnell findest du dich in einem aufregenden Abenteuer wieder. Auch hier spreche ich aus eigener Erfahrung.

8. Synchronizitäten helfen dir auf dem Weg

Wenn du dem Weg deines Herzens und deiner Seele folgst und immer mehr aufregende Abenteuer lebst, dann kommst du schnell zu dem Punkt, wo auf einmal komische »Zufälle« passieren, die dir auf deinem Weg helfen.

Diese Synchronizitäten machen dir das Leben leichter und helfen dir, deine Ziele schneller zu erreichen.

9. Du kommst vom Wünschen zum Manifestieren

Der Unterschied zwischen Wünschen und Manifestieren liegt in der Zeitqualität. Wünschen liegt in der Zukunft und Wünsche können somit niemals erfüllt werden.

Wenn du lernst zu manifestieren, dann wandern deine Wünsche von der Zukunft in die Gegenwart. Statt zu wünschen und zu hoffen, bist du schon dabei sie zu kreieren.

Du ziehst Menschen in dein Leben, die zu dir passen

Bist du auf der Suche nach dem richtigen Partner, der richtigen Partnerin? Hättest du gerne mehr Freundinnen oder Gleichgesinnte in deinem Leben?

Nur, wenn du du bist und dich selbst voll und ganz lebst, können diese Menschen in dein Leben kommen. Denn wenn du dich selbst nicht (er-)kennst, wie sollen es dann andere tun?

Durch das Leben deiner Berufung oder Lebensaufgabe wirst du immer mehr du und gibst dich deinen Seelenpartnern und Seelenpartnerinnen bzw. deiner Seelenfamilie zu erkennen, die dich dann finden kann.

11. Du wirst einfach unwiderstehlich

Wenn du ganz du selbst und authentisch bist, musst du dich nicht mehr um die Aufmerksamkeit der anderen Menschen bemühen oder dich anstrengen, ihnen etwas zu verkaufen. Du ziehst sie ganz automatisch an und wirst einfach unwiderstehlich.

Wenn du aus solchen Gründen deine Berufung leben willst, dann bist du völlig auf dem Holzweg:

Ich bekomme öfters kritische Nachrichten und Kommentare, in denen mir gesagt wird, dass es gefährlich ist, Menschen dabei zu helfen, ihre Berufung zu leben und dass es viele Menschen gibt, die ihre Berufung zum Beruf gemacht haben und das jetzt gerne wieder ändern würden.

Und ich bin davon überzeugt, dass diese Sorge vollkommen begründet ist und wenn ich ganz ehrlich bin, gab es auch bei mir Zeiten, wo ich SEHR gerne wieder in einen sicheren, gemütlichen und gut bezahlten Job zurückgegangen wäre.

Ich glaube aber, dass das Menschen passiert, die ihre Berufung aus dem falschen Grund zu einem Business machen wollen. Wenn du nämlich nur das einfache und schnelle Geld suchst, dann ist ein Berufungsbusiness definitiv nicht zu empfehlen.

Denn du wirst mit deinem Berufungsbusiness NICHT schnell reich werden. Und ich sage dir auch warum: Wenn du beginnst, deine Berufung zu leben, dann werden ALLE deine Glaubenssätze, Baustellen und Hindernisse, die du dir im Laufe deines Lebens geschaffen hast, aufstehen und sich zu Wort melden. Hier ein paar der häufigsten, die ich immer wieder in der Arbeit mit meinen Klientinnen treffe:

- Existenzängste, weil der monatliche Gehaltscheck weg ist (außer du machst dich nebenberuflich selbstständig)
- Ängste dich zu zeigen und zu vermarkten
- Angst vor dem Verkaufen
- Unsicherheit einen angemessenen Preis für deine Produkte und Services zu verlangen
- Perfektionismus, der dich beim Starten hindert
- Minderwertigkeitsgefühle und der Eindruck schlechter zu sein als alle deine Mitbewerber
- Totale Unsicherheit, ob deine Berufung wirklich von der Welt gebraucht wird
- Mangelnder Fokus und herumscannen (d.h. immer wieder neue Projekte starten, aber nichts zu Ende bringen)
- Handlungsunfähigkeit aus Angst, Fehler zu machen
- Kein Durchhaltevermögen und die Tendenz bei den kleinsten Schwierigkeiten aufzugeben
- Ständiges Hinterfragen von bereits getroffenen Entscheidungen
- und, und, und

Bevor es ans Geld verdienen geht, darfst du erst alle diese Themen bearbeiten und je nachdem, wie lange du damit brauchst, dauert es, bis du wirklich Geld verdienst.

Wenn du diese Baustellen noch nicht bearbeitet hast, dann wirst du dabei an deine Grenzen stoßen: Du wirst weinen, zweifeln und aufgeben wollen! Du wirst einfach nur mehr zurück in deinen gemütlichen, sicheren Job wollen!

Auch ein Business aus folgenden Gründen zu starten, rate ich dir völlig ab!!

- Weil dich dein Chef nervt
- Weil du es endlich gemütlich haben willst
- Weil du morgens ausschlafen willst
- Weil du es einfach haben willst

Zusammenfassend sage ich: Wenn du deine Berufung lebst, ist das nicht schnell, einfach und gemütlich, sondern es bringt dich an deine Grenzen und darüber hinaus. Es ist, als würdest du eine Wüste durchqueren oder einen Berg hinaufklettern. Es bringt Blut, Schweiß und Tränen!

Aber gleichzeitig ist es die lohnendste Herausforderung, der du dich jemals gegenübersehen wirst!

Die Befriedigung, die du verspürst, wenn du den Berg bestiegen bzw. die Wüste durchquert hast, kannst du dir jetzt noch nicht einmal vorstellen.

3. Wie du ein Business aufbaust, das zu dir passt

Um ein Business aufzubauen, das zu dir passt, brauchst du 4 Dinge:

1. Werte, die zeigen, wofür dein Business steht und die deine langfristige Motivation sind

2. Ein klares Warum es dein Business gibt

3. Finanzielle und nichtfinanzielle Ziele für dein Business

4. Ein solides Geschäftsmodell und eine Strategie, wie du mit deinem Business Geld verdienst

1. Wie du die Werte für dein Business definierst

Wenn du etwas in deinem Business (und in deinem Leben) erreichen willst, dann musst du immer klare Antworten auf 2 Fragen haben:

1. Was willst du genau? Was ist dein Ziel?

2. Warum willst du dieses Ziel erreichen? Was ist deine Motivation?

Es gehört sehr viel Durchhaltevermögen, Geduld und Disziplin ein erfolgreiches Berufungsbusiness aufzubauen. Dafür ist Geld als Motivation auf keinen Fall ausreichend. Du brauchst etwas, das dich wirklich langfristig motiviert und das sind eben deine Werte.

In diesem Kapitel gibt es jetzt einige Übungen für dich zu erledigen. Bitte mache diese Übungen wirklich schriftlich und lies nicht nur einfach drüber! Sonst erzielst du mit der Übung nicht das gewünschte Ergebnis!

Um dich bei den Übungen zu unterstützen, habe ich Arbeitsblätter für dich erstellt. Falls noch nicht passiert, lade sie dir bitte jetzt hier herunter: *unwiderstehlich-leben.marastix.com*

Du findest jeweils ein Arbeitsblatt zu den Themen: deine Werte, dein Warum, deine Ziele und dein perfekter Tag. Bitte drucke sie aus und halte sie bereit, um die Übungen in diesem Buch zu machen.

Wir starten mit dem Arbeitsblatt zum Thema Werte.

Um herauszufinden, was deine Werte sind, stelle dir folgende Frage:

Was ist mir wichtig in meinem Business?

Und dann schreibe dir alles auf, was da so kommt. Und wenn dir nichts mehr einfällt, dann stelle dir folgende Frage:

Was ist mir noch wichtig in meinem Business?

Wiederhole das 1-2 Mal, bis du eine ganze Liste von Dingen aufgeschrieben hast, die dir wichtig sind.

Ein Wert ist dabei alles, was für dich persönlich zu diesem Thema wichtig ist. Das können solche Dinge sein wie z.B. Freiheit, Erfolg, Geld, Unabhängigkeit, Kooperationen, Anerkennung etc. Hierbei handelt es sich aber wirklich nur um Beispiele. Es kann gut sein, dass dir völlig andere Dinge wichtig sind.

Am Ende dieses Prozesses hast du dann eine Liste mit Dingen, die dir wichtig sind: deine Werte.

Jetzt nimm dir bitte ein neues Blatt Papier und schreibe alle Werte nochmal auf, diesmal in der Reihenfolge ihrer Wichtigkeit. Also zuerst den wichtigsten Wert, dann den zweitwichtigsten und so weiter.

Wenn du fertig bist, dann unterstreiche deine wichtigsten 3-5 Werte. Das sind deine Kernwerte, die Dinge, die dir wirklich wichtig sind. Wenn du ein Business hast, dann muss es auf jeden Fall diese Werte unterstützen, sonst wirst du damit langfristig nicht glücklich werden.

Meine Top 3 Werte sind z.B. Freiheit, Geld und Wachstum.

Als ich mich das erste Mal im Jahr 2012 selbstständig gemacht habe, wusste ich noch nichts von meinen Werten. Ich versuchte ein Business zu starten, das überhaupt nicht zu meinen (damals noch unbewussten) Werten gepasst hatte.

Ich wollte mich als Coach für Hochbegabte und Hochsensible in Wien selbstständig machen und hier Coaching-Räumlichkeiten anmieten. Aber das Business machte mir keine Freude und ich kam überhaupt nicht in die Gänge.

Heute weiß ich, dass dieses Geschäftsmodell (die Art und Weise, wie das Business aufgebaut war) überhaupt nicht zu meinen Werten passte. Mein Top Wert ist Freiheit. Ich will reisen und die Welt sehen. Ich will von überall aus arbeiten. Auch das wäre mit diesem Geschäftsmodell unmöglich zu vereinbaren gewesen. Wie soll ich gleichzeitig Beratungen in Wien anbieten und am Strand auf Hawaii liegen? Unmöglich! Das war der erste massive Wertekonflikt.

Ich hatte also einen massiven Wertekonflikt mit meinem Top Wert.

Mein zweitwichtigster Wert ist Geld. Mein Traumbusiness hat einen mindestens 6-stelligen Jahresumsatz, mit der Möglichkeit 7-stellig zu werden. Als Coach, einzeln mit Klientinnen zu einem Stundensatz von 100-120 Euro zu arbeiten (und das habe ich damals verlangt), ist dieses Ziel niemals zu erreichen.

Und außerdem gab es noch einen Konflikt zwischen meinem Nummer 1 Wert: Freiheit und meinem Nummer 2 Wert: Geld. Wenn ich viele Einzelberatungen und Coachings mache, verdiene ich zwar Geld, aber verliere meine Freiheit. Und wenn ich mir die Freiheit nehme, um zu reisen, dann habe ich kein Geld.

Diese ganze Konstellation führte dazu, dass ich mich wie gelähmt gefühlt habe und überhaupt nicht in die Gänge gekommen bin.

Daher ist es so wichtig, dass du deine Werte kennst und dann ein Geschäftsmodell aufbaust, das zu diesen Werten passt. Darum habe ich heute ein Business, das zu 100% online läuft. Ich kann von überall auf der Welt arbeiten. Da ich nicht mehr meine Zeit, sondern vor allem digitale Produkt verkaufe, kann mein Business laufend wachsen und sich weiterentwickeln. Und damit verdiene ich laufend mehr Freiheit UND habe mehr Geld.

Das passt perfekt zu meinen Werten! Kein Wunder, dass ich hochmotiviert bin in meinem Business zu arbeiten und mich richtig reinhänge!

Daher erarbeite ich bei der Beratung die Werte, das Warum und die Ziele als Erstes mit meinen Klientinnen. Dann überlegen wir uns, welches Business da richtig gut dazu passt. Wenn du die Übungen in diesem Kapitel der Reihe nach schriftlich durcharbeitest, dann hast du diesen Effekt.

2. Wie du dein Warum findest

Zusätzlich zu den Werten, die dich motivieren, brauchst du auch ein klares Warum es dein Business gibt. Mein Warum ist ganz klar: Weil ich meine Berufung oder Lebensaufgabe leben und meine Seelenziele verfolgen will.

Und meine Berufung ist eben Frauen dabei zu unterstützen, ihren Platz einzunehmen und in ihre volle Größe zu gehen. Ich fand es immer schon unerträglich, dass Frauen häufig weniger Geld verdienen und dass typisch weibliche Eigenschaften wie Empathie, Sanftmut, Sensibilität und Hingabe in unserer Gesellschaft so wenig geschätzt werden.

Ich hatte es satt, dass sich Frauen zwischen Erfolg und ihrer Weiblichkeit entscheiden sollten. Dass sie für beruflichen Erfolg »ihren Mann stehen« und »bessere Männer werden« sollten.

Mein Warum ist, dass ich eine Welt will, in der Weiblichkeit gleich hoch geschätzt wird wie männliche Stärken und in der Frauen erfolgreich sind, viel Geld verdienen und ihre sanfte Weiblichkeit leben.

Bitte nimm dir jetzt das Arbeitsblatt »Dein Warum« zur Hand (falls noch nicht passiert, kannst du es hier herunterladen: **unwiderstehlich-leben.marastix.com**) und beantworte schriftlich die gestellten Fragen:

- Warum bist du hier auf der Welt?
- Was willst du in die Welt bringen?
- Was kommt leicht und natürlich zu dir?
- Was zieht sich wie ein roter Faden durch dein Leben?
- Was gibt dir tiefe Befriedigung und Sinn in deinem Leben?
- Was sollen die Menschen bei deiner Beerdigung über dich sagen?
- Welches Vermächtnis möchtest du der Welt hinterlassen?

Viel Freude dabei!

3. Wie du finanzielle und nichtfinanzielle Ziele für dein Business definierst

Eine der Fragen, die ich meinen Klientinnen in meinen Beratungen und Seminaren immer stelle, ist die nach ihrem Umsatzziel. Ich frage: Wie viel Umsatz möchtest du im Monat machen?

Und es gibt keine Frage, die mehr Stress unter den Befragten auslöst. Da ist einerseits der große Stress eine Zahl zu nennen, denn über Geld redet »man« ja nicht und hat »man« das wirklich verdient so viel zu verlangen!? Das sind also die ganzen Glaubenssätze zu diesem Thema.

Und andererseits ist da die Angst wirklich ein Ziel zu definieren. Dabei ist die Überlegung, wenn ich mir dieses Ziel setze, dann muss ich ja auch alles tun, um es zu erreichen. Das kann sehr viel Stress auslösen, weil die Angst bei meinen Klientinnen hochkommt, dass sie ihre Freiheit verlieren und nur mehr hart arbeiten müssen, um ihr Umsatzziel zu erreichen.

Darum schreibe ich in diesem Kapitel, wie du die Ziele für dein Business mit Freude und Leichtigkeit und auf eine weibliche Art setzt, sodass sie bei dir Begeisterung und nicht Stress auslösen.

Ich glaube, der Grund, warum die Angst und der Widerstand gegen das Zielesetzen bei vielen noch so groß ist, liegt daran, dass viele von uns zwei völlig falsche Glaubenssätze mitbringen:

1. Es ist eine Schande zu scheitern.
2. Ich darf erst starten, wenn ich perfekt bin.

Beide Annahmen sind völlig falsch und blockieren sehr stark. Es gibt nämlich kein Scheitern. Du hast nur einen weiteren Weg gefunden, der nicht so gut funktioniert. Vor jedem Erfolg stehen zig erfolglose Versuche. Es macht also überhaupt nichts, wenn du dein Ziel nicht erreichst oder nicht perfekt erreichst.

Für mich bedeutet Zielesetzen viel mehr ein Spiel. Ich habe Freude daran und es spornt mich an. So wie früher als Kind, wenn ich mit meinem Vater diese Bilderrätsel gelöst habe, die du sicher kennst. Da sind zwei gleiche Bilder nebeneinander und beim einen sind 10 Fehler eingebaut. Sie sind also nicht ganz gleich, sondern unterscheiden sich ganz leicht und wir haben uns das Ziel gesetzt, alle diese Fehler in einer Minute zu finden und als wir das konnten, dann in 30 Sekunden usw.

Es ging einfach darum, Freude an den eigenen Fähigkeiten zu haben und zu sehen, wie sie durch das Training immer mehr geschult wurden. Und genauso solltest du es beim Zielesetzen machen. So fühlst du dich auch nicht schlecht, falls du das Ziel nicht erreicht hast. Denn es ist einfach nur ein Spiel und nichts weiter. Mein Geschäftspartner und ich hatten uns z.B. als Ziel gesetzt, mit unserem ersten Webinar 20 neue Kundinnen für unseren E-Mail Kickstarter Kurs zu gewinnen. Und dann haben wir »nur« 18 neue Kundinnen bekommen. War ich deshalb traurig oder enttäuscht? Überhaupt nicht! Ich fand das Ergebnis toll und hätten wir uns das Ziel nicht gesetzt, dann wären wir nie so weit gekommen.

Damit du in Zukunft auch Freude beim Setzen von Zielen für dein Business hast, erkläre ich dir im Folgenden, wie du das in 5 Schritten mit Lust statt Frust tust.

Bitte nimm dir dafür dein Arbeitsblatt »Ziele« zur Hand.

Wie du in 5 Schritten deine Ziele setzt

Schritt 1: Setze dir ein Ziel, auch wenn es schwer fällt

Der erste Schritt ist dir einfach ein Ziel zu setzen, auch wenn es schwer fällt. Auch wenn du zuerst Druck oder Angst bei diesem Ziel verspürst, ist es wichtig eines zu setzen. Du kannst es jederzeit wieder anpassen, wenn es dir nicht mehr entspricht. Die Lösung kann hier nicht sein, einfach kein Ziel zu haben.

Die amerikanische Bloggerin Marie Forleo sagt dazu:

»*You have to name it to claim it.*«

Damit meint sie, wenn du etwas willst, dann musst du zuerst sagen, was du überhaupt willst.

Willst du 3.000 Euro monatlichen Umsatz? Oder 5.000 Euro? Oder einen sechsstelligen Jahresumsatz?

Sag es und schreibe es auf!

Oder weißt du gar nicht, was dein Umsatzziel ist? Wenn das so ist, dann habe ich hier eine Übung für dich, die dich dabei unterstützt.

Schreibe dir deinen letzten Jahresumsatz auf! Schreibe die Zahl auf ein Blatt Papier.

Jetzt schließe die Augen und stelle dir vor, wie es wäre, wenn du diesen Umsatz in einem Monat machen würdest. Und bemerke, wie sich das anfühlt.

Gutes Gefühl? Dann hast du ja jetzt ein neues Umsatzziel!

Wenn du weißt, was du willst, dann kannst du alles erreichen. Du musst auch jetzt noch nicht wissen, wie. Das Wie kommt noch. Dir jetzt die Frage zu stellen, wie du das Ziel erreichen sollst, würde dich nur verwirren. Hier ist jetzt nur wichtig, was du willst.

Schritt 2: Stelle sicher, dass es auch wirklich dein Ziel ist

Sehr wichtig ist, dass es sich bei diesem Ziel auch wirklich um DEIN Ziel handelt. Und nicht um das Ziel deiner Familie, deines Freundes oder von jemand anderem, den du vielleicht bewunderst und nachahmen willst.

Vergiss auch nicht, dass hier kein Ziel besser oder schlechter ist. Wenn du gerne 3.000 Euro im Monat Umsatz machen möchtest und dafür nur einen Tag pro Woche arbeiten willst, dann ist das nicht schlechter, als wenn du einen zweistelligen Millionenbetrag als Jahresumsatz anstrebst.

Lass dich hier nicht von anderen Menschen und ihren Zielen verunsichern oder von deinem Weg ablenken.

Wichtig ist nur, was DU willst und das kann kein anderer sagen als eben DU.

Nimm ein Ziel, mit dem DU dich wohlfühlst, es bringt nichts hier auf andere zu schauen und etwas zu verfolgen, das du nicht bist!

Schritt 3: Vergewissere dich, dass das Ziel bei dir Lust und nicht Angst auslöst

Sehr viele meiner Klientinnen fragen mich, wie viel Geld sie für ihre Leistungen verlangen sollen. Früher hätte ich diese Frage mit klassischen betriebswirtschaftlichen Überlegungen beantwortet. Nach dem Lehrbuch gibt es hier zwei Möglichkeiten, um einen Preis festzusetzen:

1. Kostenbasiert: Du überlegst dir, welche Kosten du hast, wie viel du also verdienen »musst« und setzt dann deinen Preis fest
2. Marktbasiert: Du analysierst, welche Preise die anderen im Markt haben und positionierst dich dort

Heute sehe ich das anders und halte diese beiden Methoden nicht mehr für sinnvoll (zumindest nicht für ein Business, das du aus deiner Berufung heraus führst), denn beide Wege der Preisfestsetzung orientieren sich im Außen und nicht in deinem Innen.

Dein Umsatzziel muss zu dir passen und sich für dich gut und richtig anfühlen. Es muss sozusagen deiner momentanen Schwingung entsprechen.

Es bringt nichts, das Ziel zu hoch anzusetzen oder zu überlegen, wie viel Geld du brauchst oder haben musst. Dann kommt das Ziel nämlich aus einem Mangeldenken statt aus der inneren Fülle heraus und damit schaltest du auf den »Armutskanal«.

Wenn du unbedingt Geld brauchst, dann suche dir besser einen Job. Da ist nichts Schlimmes oder Unehrenhaftes dabei! Sondern es ist sehr smart einen Job zu haben, der die Rechnungen bezahlt.

Ich würde hier einen möglichst angenehmen Job suchen, den du sozusagen »im kleinen Finger« hast. Natürlich sollt du ihn gut machen, aber dein Fokus sollte daneben ganz klar auf dem Aufbau deines eigenen Business liegen. Eine gute Möglichkeit wäre hier auch z.B. einen befristeten Job zu suchen, z.B. für ein Jahr. Dann kannst du der Firma gegenüber auch mit offenen Karten spielen und offen sagen, dass du auch nur etwas für den Übergang suchst, während du dein eigenes Business aufbaust.

Dein Umsatzziel bzw. dein Preis, den du verlangst, sollte deiner momentanen »Schwingung« entsprechen. Hier geht es darum, wie viel Geld du derzeit lustvoll anziehen möchtest.

Wichtig ist auch zu sagen, dass sich diese Summe sehr schnell verschieben kann. Vielleicht möchtest du für deine nächsten Klientinnen 1.000 Euro für ein Coaching-Paket verlangen. Du wirst merken, wenn du 3 solche Klientinnen hast, dann bekommst du schnell Lust, den Preis hinaufzusetzen, vielleicht auf 2.000 Euro. Das liegt daran, dass du dann schon 3.000 Euro angezogen hast und damit automatisch mehr in eine Schwingung der Fülle gekommen bist.

Wenn du einen Preis festgesetzt hast, den aber niemand bezahlt bzw. dein Preis so niedrig ist, dass du dich nach jedem Coaching völlig ausgelaugt fühlst, dann ist es wichtig, deinen Selbstwert zu erhöhen und dafür zu sorgen, dass »du es dir wert bist, dieses Geld zu bekommen«.

Es ist übrigens meistens NICHT so, dass dir Preissenkungen zu mehr Klientinnen verhelfen. Auf keinen Fall, wenn du sie aus Panik durchführst, nicht genug Geld zu haben. Die Lösung ist hier nur wieder in eine Energie von Reichtum und Fülle zu kommen.

Schritt 4: Finde heraus, warum du dein Ziel erreichen willst

Eine ganz große Motivation, die dich dabei unterstützt, deine Ziele zu erreichen, ist, wenn du weißt, WARUM du ein bestimmtes Ziel erreichen willst und Geld als Motivation reicht da auf keinen Fall aus.

Ich hatte mir z.B. im letzten Jahr das Ziel gesetzt mein Coaching-Business online zu bringen, weil ich nicht mehr ortsgebunden sein wollte. Ich wollte die Möglichkeit haben, überall auf der Welt zu arbeiten. Das war eine ganz große Motivation für mich.

Außerdem wollte ich unbedingt meine Berufung leben und ganz viele Menschen erreichen mit dem, was ich tue.

Daher solltest du dir auch die Frage stellen, warum du dein Ziel erreichen willst.

Bitte nimm dir dafür dein Arbeitsblatt »Mein perfekter Tag« zur Hand, das du dir hier heruntergeladen hast: **unwiderstehlich-leben.marastix.com**

Dein perfekter Tag

Um das zu tun, empfehle ich dir eine Übung, die mir selbst auch ganz viel gebracht hat, nämlich dir deinen perfekten Tag vorzustellen. Nimm dir für die Übung eine Stunde Zeit und beantworte für dich folgende Fragen:

1. Wo, wie und mit wem wache ich an meinem perfekten Tag auf?
2. Wo, wie und mit wem wohne ich?
3. Was tue ich als Erstes nach dem Aufwachen?
4. Was sehe ich, wenn ich aus meinem Schlafzimmerfenster schaue?
5. Habe ich ein Morgenritual und wenn ja, wie sieht es aus?
6. Mit welchen Tätigkeiten verbringe ich meinen Tag?
7. Was sehe, höre, rieche, schmecke, fühle ich an diesem Tag?
8. Mit welchen Menschen verbringe ich meinen Tag?
9. Wo, wie und mit wem nehme ich meine Mahlzeiten ein?
10. Was ist das Letzte, was ich vor dem Einschlafen denke?

Am besten ist es, wenn du diesen Tag ganz genau und detailliert von morgens bis abends beschreibst, wie in einem Tagebucheintrag. Dabei gelten 2 Regeln:

- ALLES ist möglich. Geld und sonstige Dinge spielen keine Rolle. Eine gute Fee verzaubert dich und bringt dir genau diesen Tag.

- Von jetzt an MUSST du genau diesen Tag jeden Tag durchleben, für den Rest deines Lebens. Darum schreibe das auf, was du WIRKLICH willst.

Als ich selbst diese Übung gemacht habe, hat sie mir viele interessante Einblicke in mein Warum gegeben:

In meinem idealen Tag lebte ich in einem wunderschönen Haus mit Blick aufs Meer und arbeitete von zuhause aus. Ich startete den Tag mit Morgensport und gesunder Ernährung. Am Abend veranstaltete ich ein Webinar mit zigtausenden Teilnehmerinnen. Daraus konnte ich für mich die folgenden Warums für mein Business ableiten:

Ich möchte mein Business aufbauen,
- weil ich ortsunabhängig sein will.
- weil ich mir meine Zeit selbst einteilen will.

- weil ich etwas tun möchte, das mir Freude und Erfüllung gibt.
- weil ich meine Zeit mit Menschen verbringen will, die mir am Herzen liegen.
- weil ich nach meinen eigenen Werten arbeiten will.
- weil ich ganz viele Menschen berühren und inspirieren will.

Du siehst also, ich wusste ganz klar, WAS ich will: Mein eigenes Online-Coaching-Business mit mindestens 6-stelligem Jahresumsatz und ich hatte ganz klare WARUMs, die mir helfen mein Ziel weiterzuverfolgen, sollte mich die Motivation verlassen.

Wenn du sicher bist, was du willst, dass es wirklich dein Ziel ist und warum du es erreichen willst, dann schaffst du das auch.

Schritt 5: Finde Wege, um dein Ziel zu erreichen

Jetzt erstellst du verschiedene Szenarien, wie du dein Ziel erreichen willst. Wenn dein Ziel z.B. 5.000 Euro monatlicher Umsatz als Coach ist, dann könntest du dir folgende Szenarien überlegen, um es zu erreichen:

1. Du gewinnst 5 Klientinnen, die jeweils um 1.000 Euro ein Coaching bei dir buchen.

2. Du veranstaltest ein Seminar für 500 Euro mit 10 Teilnehmern.

3. Du verkaufst 25 Stück von deinem Online-Kurs um 200 Euro.

4. Du verkaufst einer Klientin dein VIP-Coaching-Paket um 3.000 Euro und verkaufst noch zusätzlich 10 Stück von deinem Online-Kurs um 200 Euro.

5. Und natürlich alle Kombinationen dieser Szenarien.

Damit merkt dann dein Verstand, dass es viel einfacher ist, das Ziel zu erreichen als du ursprünglich dachtest und es macht mehr Freude das Ziel zu verfolgen. Natürlich brauchst du dafür auch die passenden Produkte und das richtige Geschäftsmodell.

4. Wie du das richtige Geschäftsmodell für dein Business entwickelst

Eine der wichtigsten Fragen für dein Business ist, was dein Geschäftsmodell ist. Dein Geschäftsmodell beschreibt, womit (mit welchen Produkten und Dienstleistungen) du dein Geld verdienst. Denn, wenn du kein Geld verdienst, dann hast du kein Business, sondern nur ein Hobby.

Viele Menschen kommen mit Geschäftsideen auf mich zu und wollen meine Meinung dazu hören. Eine meiner Fragen ist dann:

- Wie verdienst du damit Geld?

Es ist sehr wichtig, dass du darauf eine sehr gute Antwort hast. Es gibt sehr viele Möglichkeiten mit deinem Berufungsbusiness Geld zu verdienen. Hier sind ein paar Möglichkeiten:

- Du verkaufst deine Expertise in Form von Coachings oder Beratungen.
- Du bietest Services und Dienstleistungen für deine Kundinnen an (z.B. als Webdesignerin, Werbetexterin oder Graphikerin).
- Du verkaufst Produkte oder Services von anderen Unternehmen und bekommst dafür eine Provision.
- Du bietest Gruppencoachings an.
- Du veranstaltest Seminare/Workshops/Online-Seminare/Webinar-Reihen.
- Du erstellst ein digitales Produkt (Videokurs, Audio, eBook).
- Du richtest auf deiner Webseite einen kostenpflichtigen Mitgliederbereich ein.
- Du trittst als Sprecherin bei Veranstaltungen auf.

Das sind nur ein paar Ideen von meiner Seite. Denn deiner Phantasie sind hier keine Grenzen gesetzt.

Bei den kostenlosen Ressourcen zu diesem Kurs, die du dir auf **unwiderstehlich-leben.marastix.com** herunterladen kannst, findest du auch ein Videotraining zum Thema: »Die besten 10 Tipps, um mit deinem Online-Business Geld zu verdienen«.

In den vielen Coachings, die ich mit Menschen gemacht habe, die aus ihrer Berufung ein erfolgreiches Business machen wollten, habe ich gemerkt, dass es vor allem 2 große Probleme gibt, die die Klientinnen in ihrem Berufungsbusiness haben:

1. Sie verdienen zu wenig Geld mit ihrem Business.
2. Sie brennen aus, weil ihr Business zu einem Hamsterrad wird.

Im Kapitel 4 erkläre ich dir, was du tust, wenn du noch nicht genug Geld mit deinem Business verdienst und in Kapitel 5, wie du Online-Marketing nutzen kannst, um gleichzeitig mehr Erfolg mit deinem Business und mehr Zeit zu haben.

4. Warum du (noch) nicht genug Geld mit deinem Business verdienst

1. Du hast noch hinderliche Glaubenssätze zum Thema Geld

Wenn du mit deinem Business nicht genug Geld verdienst, dann kann das verschiedene Ursachen haben. Der eine Grund kann sein, dass du hinderliche Glaubenssätze zum Thema Geld hast. Du denkst möglicherweise, dass du für Geld hart arbeiten musst und dass es nur erlaubt ist, mit Leid, Blut und Tränen Geld zu verdienen. Das ist ein Glaubenssatz, den viele von uns sehr tief implementiert haben.

Ich gehörte da auch dazu! Ich war davon überzeugt, dass ich mit dem, was ich liebe, kein Geld verdienen kann ... Klingt bekannt für dich?

Dann lass mich dir Folgendes sagen: Du kannst mit dem, was du liebst, sogar VIEL MEHR Geld verdienen! Warum? Ganz einfach, weil du Freude daran hast und damit automatisch gerne gute Leistungen bringst. Du musst dich nicht zwingen zur Arbeit zu gehen, du fühlst dich nicht müde und krank, sondern es fließt zu dir und gibt dir Energie.

In die gleiche Kategorie gehört übrigens der Glaubenssatz: »Ich darf für das, was ich liebe, kein Geld verlangen!«

Ich persönlich wundere mich immer wieder über Menschen, die bei mir anfragen, ob sie meine Beratung kostenlos in Anspruch nehmen dürfen oder warum sie so viel bezahlen sollen.

Ich frage dann gerne zurück: »Gehst du auch in den Supermarkt und fragst dort, ob du heute kostenlos einkaufen darfst?«

Also bitte, nur weil dir etwas Freude macht, setzt du dich NICHT stundenlang mit Menschen zusammen und hilfst ihnen, ohne dafür eine Gegenleistung zu verlangen. Selbstverständlich kostet das Geld!

Und es ist wichtig, dass du lernst mit Freude und Selbstbewusstsein zu sagen: »Ich freue mich sehr, dass du dich für meine Produkte/Dienstleistungen interessierst! Ich möchte sehr gerne mit dir zusammenarbeiten! Eine Stunde Beratung bei mir kostet XY Euro!«

Du musst den Menschen natürlich schon sagen, dass deine Leistung etwas kostet. Sonst darfst du dich nicht wundern, wenn sie nachher »vergessen« zu bezahlen.

2. Noch nicht das richtige Geldbewusstsein

Hier ist es sehr wichtig, dass du die richtige Einstellung zu Geld entwickelst, also das richtige Geldbewusstsein. Im letzten Jahr wurde mir klar, wie viele Glaubenssätze ich noch rund um das Thema Geld hatte. Hier nur ein paar davon:

- Zu viel Geld verdirbt den Charakter.
- Über Geld spricht man nicht.
- Es gibt nicht genug Geld auf der Welt.
- Frauen mit Geld sind unweiblich.
- Für Geld muss man hart arbeiten.
- Um Geld muss man kämpfen.
- Um Geld zu verdienen, muss ich mich verstellen.
- Es ist falsch für Dinge, die mir Freunde machen, Geld zu verlangen.
- Mit dem, was ich liebe, kann ich kein Geld verdienen.
- Wenn ich meinem Herzen folge, dann werde ich kein Geld mehr haben.
- Ich bin es nicht wert viel Geld zu haben und es mir gut gehen zu lassen.
- Für Luxus darf man kein Geld ausgeben.
- Wenn du nicht eisern sparst, hast du kein Geld, wenn du es brauchst.
- Ich kann mir XY nicht leisten.

Es war wirklich unglaublich! Ich hätte mir nie gedacht, dass ich so viele hinderliche Glaubenssätze zum Thema Geld hatte! Also fing ich gezielt an, mich mit dem Thema Geld zu beschäftigen und diese implementierten Glaubenssätze mit meinen eigenen Glaubenssätzen auszutauschen, die sich für mein Herz viel besser anfühlen:

Es gibt Unmengen von Geld auf der Welt und es ist sehr einfach es anzuziehen.

- Geld verdienen ist leicht und macht Spaß.
- Mit dem richtigen Geschäftsmodell ist jeder Umsatz möglich. Mit den richtigen Strategien ist es auch möglich für mich das im Monat zu verdienen, was ich früher im Jahr verdient habe.
- Ich liebe Geld und Geld liebt mich.
- Ich bin ein Luxus Girl, fliege gerne Business Class und liebe tolle Restaurants und 5 Sterne Hotels.
- Je mehr ich es mir gut gehen lasse, desto mehr Geld verdiene ich.
- Je mehr ich meinem Herzen folge und je authentischer ich bin, desto mehr Geld verdiene ich.
- Es ist viel leichter viel Geld zu verdienen, als mit wenig Geld gerade so über die Runden zu kommen.
- Ich leiste mir die Dinge, die mir wichtig sind: vor allem Weiterbildungen und Reisen.
- Viel Geld zu haben ermöglicht mir großzügig zu sein und das macht mich zu einem besseren Menschen.
- Ich genieße die Ruhe und Entspannung, die finanzielle Sicherheit bringt.
- Geld ist eine Energie, die auf einer bestimmten Frequenz vibriert. Ich erlaube mir, meine Vibration laufend zu erhöhen, um immer mehr Geld anzuziehen.
- Ich verdiene mit Leichtigkeit und Freude einen 5- bis 6-stelligen Betrag im Monat.
- Ich gebe mein Wissen über Geld weiter, damit auch andere Menschen davon profitieren und so viel Geld in ihrem Leben haben, wie sie wollen.

Und wenn ich das sagen darf: Diese neuen Glaubenssätze fühlen sich einfach sooooo viel besser an als die alten!

Daher ist meine Empfehlung an dich:

1. Mach dir alle deine derzeitigen Glaubenssätze zum Thema Geld bewusst und schreibe sie auf. Auch hierfür habe ich wieder ein Arbeitsblatt für dich, das du dir hier herunterladen kannst: **unwiderstehlich-leben.marastix.com**

2. Dann kontrolliere, ob sie dir und dem Leben, das du führen willst, dienlich sind. Was denkst du, wie gut das ist, wenn du deinem Unbewussten jeden Tag vorbetest: Ich kann mir XY nicht leisten! Ich habe zu wenig Geld! Das ist so, als würdest du auf den »Armutskanal« schalten und den ziehst du dann mit Sicherheit auch an!

3. Wenn du dir deine alten Glaubenssätze bewusst gemacht hast, dann schreibe deine neuen Glaubenssätze auf. Wie soll von jetzt an deine Einstellung zu Geld sein? Welche Glaubenssätze führen dich zu dem Leben, das du führen willst?

4. Hänge dir deine neuen Glaubenssätze irgendwo auf, wo du sie jeden Tag lesen kannst.

5. Lies sie regelmäßig morgens und abends und mache sie dir bewusst. Bis sie völlig in dein Unbewusstes gegangen sind.

Als Quick-Win (also sofortige Verbesserung) empfehle ich dir besonders die Sätze: »Ich habe kein (nicht genug) Geld!« und »Ich kann mir XY nicht leisten!« sofort und für immer aus deinem Wortschatz zu streichen! Diese Sätze sind dir wirklich nicht dienlich!

Stattdessen stelle dir die Frage, was du genau kaufen willst und dann, wie du das Geld dafür kreierst. Das macht viel mehr Sinn!

Hier ein Beispiel:

Alt: Ich kann mir diese Ausbildung nicht leisten! Ich habe einfach nicht genug Geld!

Neu: Ich finde diese Ausbildung toll, sie spricht mich an. Es ist eine super Sache in mich zu investieren. Was ist die beste Möglichkeit, um das Geld dafür zu verdienen? Und zwar mit Spaß!

Die neue Methode hat definitiv eine höhere Erfolgswahrscheinlichkeit!

Für mich war die größte Veränderung spürbar, als ich meinen Glaubenssatz von »Geld verdienen ist hart und schwierig!« geändert habe auf: »Geld verdienen ist leicht und macht Spaß!«

Da hatte ich dann viel mehr Freude, es zu tun und sofort gingen die Einnahmen hinauf!

3. Noch nicht die richtige Marketingstrategie

Die richtige Marketingstrategie zu haben ist der wichtigste Baustein, um dein Berufungsbusiness erfolgreich zu machen. Denn wie sollen dich die Menschen, denen du mit deiner Berufung dienen kannst, finden, wenn du kein Marketing betreibst!

Der allergrößte Fehler, den du machen kannst und ich wiederhole mich hier gerne, ist zu glauben, dass du kein Marketing machen musst, wenn du nur ein gutes Produkt hast!

Ich bin in einem Punkt ganz bei dir: Du musst ein gutes Produkt haben, wenn du ein überdurchschnittlich profitables Business haben willst. Aber wie soll irgendjemand wissen, dass du ein gutes Produkt hast, wenn du es niemandem erzählst?!

Ich höre oft von meinen Leserinnen und Klientinnen: »Mara, ich will nicht so verkäuferisch sein! Die Qualität meiner Produkte soll für sich sprechen. Ich will nicht so marktschreierisch sein!«

Wo ich völlig bei dir bin: Du sollst dich nicht verstellen! Wenn du eher ruhig und zurückhaltend bist, dann soll dein Marketing nicht wie auf dem Fischmarkt sein. Aber du musst der Welt erzählen, wie wunderbar du und deine Produkte und Dienstleistungen sind, denn wie soll sie es sonst wissen!

Ich bin ganz offen mit dir: Wenn du nicht genug Kundinnen in deinem Business hast und nicht lernen willst dich zu vermarkten, dann suche dir besser einen Job oder wahlweise einen reichen Ehemann, denn du wirst zwar ein Hobby haben, aber kein Business. Und sehr wenig Freude, wenn du die Miete nicht mehr zahlen kannst.

Außerdem kann Marketing sehr viel Spaß machen! Nämlich dann, wenn es (1) erfolgreich ist und (2) auf deinen persönlichen Stärken beruht! Was du brauchst, ist die richtige Marketingstrategie für dich.

Um die richtige Strategie zu entwickeln, brauchst du 3 Schritte:

1. Wir müssen gemeinsam herausfinden, was derzeit bei deinem Marketing nicht funktioniert und die Stellhebeln finden, die es zu optimieren gilt.

2. Ich zeige dir einen Weg auf, mit dem du in Zukunft authentisches Marketing betreiben kannst, das zu dir passt, Spaß macht und Kundinnen bringt.

3. Ich helfe dir mit Ängsten und Schwierigkeiten fertig zu werden, die auf dem Weg zur Verwirklichung deines Zieles auf dich warten.

Also starten wir los mit den häufigsten Fehlern, die ich in meinen Beratungen beobachte, die Unternehmerinnen den Erfolg kosten:

Marketingfehler Nr. 1: Du hast Angst dich zu zeigen

Auf meinem Blog *marastix.com* habe ich Artikel über die Angst sich zu zeigen und mit seinen eigenen Fähigkeiten und Talenten SICHTBAR zu werden geschrieben.

Alle diese Artikel wurden sehr oft gelesen und ich bekam viele Kommentare und Zuschriften. Auch aus meinen Beratungen weiß ich, dass dieses »Coming Out« also dieses Sichtbarwerden (insbesondere im Internet) für viele von uns eine ganz große Herausforderung darstellt.

Da es absolut notwendig ist, dass du mit deiner Selbstdarstellung absolut authentisch rüber kommst, wenn du Kundinnen anziehen willst, musst du dich auch mit deiner eigenen sensiblen und verletzlichen Seite auseinandersetzen.

Auf jeden Fall ist es für viele von uns eine sehr große Herausforderung aufzustehen und uns offen, ehrlich und authentisch zu zeigen, wie wir sind. Ich selbst bin da keine Ausnahme. Oftmals wird uns von klein an gesagt, dass wir, so wie wir sind, nicht richtig sind und dass wir härter, professioneller oder nicht so sensibel und naiv sein sollen.

Es gibt dann zwei Strategien damit umzugehen:

1. Menschen ziehen sich zurück, werden unsichtbar und zeigen sich gar nicht.

2. Menschen ziehen eine Rüstung an, entwickeln eine Fassade und zeigen nur mehr diese.

Ich selbst habe beide dieser Strategien durchgemacht. Bis Mitte 20 war ich sehr schüchtern und zurückhaltend. Ich habe versucht so unauffällig und unscheinbar wie möglich zu sein und bloß nicht aufzufallen.

Danach habe ich Strategie Nr. 2 angewendet und mir eine Fassade zugelegt: die der perfekten, toughen Business Frau, im hübschen Kostüm mit High Heels. Ich habe meine sensible, weiche Seite total versteckt und war davon überzeugt nur dann beruflich erfolgreich sein zu können, wenn ich mich voll hinter meiner Maske verstecke.

Heute halte ich beide Strategien für große Fehler. Ich bin zutiefst davon überzeugt, dass wir erfolgreicher werden, wenn wir uns offen und eben echt und verletzlich zeigen.

Wenn du Menschen anziehen willst (und dabei geht es im Marketing), dann musst du dich echt zeigen. Das erfordert natürlich zuerst einmal, dass du dich selbst kennen musst. Du musst deine Essenz kennen und dich spüren. Dir muss klar sein, was für ein wundervoller und liebenswerter Mensch du im Inneren deiner Seele bist!!

Ich liebe heute meine Sensibilität, meine Weichheit, meine Verletzlichkeit und meine Fähigkeit zu lieben, mich anzulehnen und hinzugeben. Ich weiß, wie viel Liebe und Frieden in meiner Essenz liegt und wie sehr ich damit anderen Menschen dienen kann.

Der Weg des Sichtbarwerdens ist ein Weg der Selbsterkenntnis. Indem du dich Schritt für Schritt kennenlernst und dir deine eigene Schönheit zeigst, teilst du sie dann auch mit der Welt.

Denn es funktioniert nur so herum:

Du kannst deine eigenen Fähigkeiten nur dann erkennen, wenn du sie in die Welt hinausgibst, um anderen Menschen damit zu dienen.

Um zu erkennen, was du der Welt zu bieten hast, musst du es in die Welt hinausgeben. Dein Potenzial und deine Talente erkennst du dann im Feedback der Menschen, denen du gegeben hast.

Das bedeutet, dass du diese Angst nur überwindest, in dem du ins Tun kommst und einfach losstartest. Im Endeffekt ist es eine

Entscheidung, die du treffen musst. Du triffst die Entscheidung und schaust nie wieder zurück.

»*Und es kam der Tag, da das Risiko, in der Knospe zu verharren, schmerzlicher wurde, als das Risiko zu blühen.*« Anaïs Nin

Eine besonders gute Möglichkeit, um das zu tun, ist einen eigenen Blog zu schreiben, mehr dazu in Kapitel 7.

Oftmals steckt hinter der Angst sichtbar zu werden, die Sorge, dass du keine Talente und Fähigkeiten hast, die von anderen Menschen und der Welt gebraucht werden. Wenn du glaubst, dass du nichts zu geben hast, dann bist du einer grundsätzlichen Fehleinschätzung deines eigenen Wesens aufgesessen! Kein Mensch, auch du nicht, ist ohne Grund hier auf der Erde! Wir alle werden gebraucht, sind einzigartig und besonders.

Indem du mit deinen Talenten und Fähigkeiten sichtbar wirst, bringst du der Welt deine Geschenke und tust das, weshalb du auf die Welt gekommen bist.

Marketingfehler Nr. 2: Du weißt noch nicht, wer deine Zielkundinnen sind und es ist völlig unklar, welches Problem du löst

Dieser Fehler ist der häufigste, den ich sehe. Viele Coaches, Trainerinnen und Beraterinnen sind sehr einfühlsam und hervorragend darin, ihre Kundinnen zu unterstützen und ihnen Gutes zu tun. Allerdings sind sie oftmals nicht so gut darin, das ihren Kundinnen auch zu kommunizieren. Somit verstehen potenzielle Kundinnen oftmals gar nicht, wie ihr Coach oder ihre Trainerin ihnen da genau hilft.

Das passiert z.B. dann, wenn das Marketing an einer bestimmten Methode aufgehängt wird (z.B. NLP oder Beratung). Das ist allerdings kein Kundinnenproblem. Kundinnen wollen keine NLP-Seminare oder Beratungen, sondern sie wollen bessere Beziehungen haben, mit dem Rauchen aufhören, abnehmen, gesünder sein, besseren Sex haben oder mehr Erfüllung im Beruf finden.

Dabei ist es sehr wichtig, dass du die Kundinnen mit diesem Problem abholst, ihnen zeigst, dass du sie verstanden hast und ihnen erklärst, wie sie es lösen können. Das muss natürlich in der Sprache der Kundinnen passieren. Daher ist es auch so wichtig, dass du viel in Kontakt mit deinen (potenziellen) Kundinnen bist. Und somit lernst du sie und ihre Probleme zu verstehen und ihre Sprache zu sprechen.

Marketingfehler Nr. 3: Du gehst noch nicht in Kontakt mit deinen Zielkundinnen

Wenn du die Entscheidung getroffen hast anzufangen, dann musst du natürlich auch in Kontakt mit deinen Zielkundinnen gehen.

Ich kenne so viele Menschen, die den Fehler machen, dass sie monatelange (jahrelang?) an der Entwicklung eines Produktes arbeiten, ohne jemals irgendwelche Markttests zu machen. Sie holen sich nie Feedback von ihren Zielkundinnen ab, oder haben möglicherweise sogar überhaupt keine genaue Zielkundinnendefinition. Dann ist die Enttäuschung groß, wenn sie viel Zeit und Geld in ihr Produkt investiert haben und es sich nicht verkauft.

Du musst also wirklich alles über deine Zielkundinnen wissen. Wer sie sind, welche Probleme sie haben, welche Wünsche, Ziele und Sehnsüchte. Du musst sie sogar besser kennen als sie sich selbst.

Denn das Geheimnis des Verkaufes ist: Menschen kaufen deine Produkte dann, wenn sie sich von dir verstanden fühlen.

Deine Zielkundinnen sollten natürlich immer Menschen sein, mit denen du dich gut verstehst. Denn schließlich willst du eine vertrauensvolle und schöne Beziehung mit ihnen aufbauen. D.h., sie sollten ähnliche Interessen wie du haben.

Meine Zielkundinnen z.B. sind Frauen, die sich für Persönlichkeitsentwicklung und Spiritualität interessieren, die ihre weibliche Seite lieben und entwickeln. Die viele Talente haben und ihr volles Potenzial leben wollen.

Und die eine tiefe Sehnsucht haben und wissen, dass da draußen irgendwie noch mehr sein muss. Frauen, die auf der Suche nach ihrem Warum sind und ihrem Leben Sinn und Wert geben wollen. Die mit ihren Talenten und Fähigkeiten anderen Menschen dienen und damit Teil einer Gemeinschaft werden wollen. Und in weiterer Folge auch mit ihrer Berufung erfolgreich werden wollen und ein

Business aufbauen, das sie noch die nächsten 30, 40 oder 50 Jahre glücklich macht.

Somit musst auch du dir die Frage stellen, welche Menschen du ansprechen willst und dann mit ihnen in Kontakt treten. Das geht heute so einfach über Blog, Videos, Podcast oder Social Media. Das finde ich so toll an der heutigen Welt, dass es praktisch ohne Kosten möglich ist zehntausende Menschen zu erreichen. Noch nie war es so einfach!

Marketingfehler Nr. 4: Du bietest noch keine Kostprobe deiner Arbeit an

Dieser Fehler hängt sehr stark mit Fehler Nr. 1 zusammen. Wenn Menschen Angst haben sich zu zeigen, dann haben sie meistens auch Angst und Widerstände ihre Talente und Fähigkeiten zu nutzen, um anderen Menschen damit zu dienen.

Außerdem haben viele noch die veraltete Angst, dass sie ihr Wissen nicht teilen dürfen, weil sonst »meine Inhalte geklaut werden«. Natürlich kannst und sollst du es in deinem Business so halten, wie du willst, aber ich habe für mich die Entscheidung getroffen, mein Wissen kostenlos auf meinem Blog, Podcast und in meinen E-Mail-Updates weiterzugeben.

Und damit habe ich nicht nur tausenden Frauen geholfen, die sich meine Beratungen sonst nicht leisten könnten, sondern auch hunderte zufriedener Kundinnen gewonnen. Ich glaube, was das betrifft, an Karma: Wer gibt, dem wird gegeben. Davon bin ich fest überzeugt.

Eine Kostprobe deiner Arbeit ist und bleibt auch die beste Möglichkeit, um Vertrauen mit deinen zukünftigen Kundinnen aufzubauen.

Welche Möglichkeiten für solche Kostproben gibt es?

Da gibt es eine Unmenge an Möglichkeiten. Es beginnt mit Blog-Artikeln, Podcasts, Videos, Newslettern, eBooks, Videokursen und und und.

Meine Empfehlung ist: Entwickle so eine Kostprobe, ein kleines Geschenk für deine potenziellen Kundinnen und stelle es ihnen im Austausch für ihre E-Mail-Adresse zur Verfügung. Wenn du mehr zu diesem Thema wissen willst, dann melde dich auf meiner Webseite ***www.marastix.com*** für meine E-Mail-Updates an. Dort lade ich dich regelmäßig zu kostenlosen Webinaren ein, in denen ich dir erkläre, wie es im Detail funktioniert. So bekommst du eine Kostprobe von meiner Arbeit!

Marketingfehler Nr. 5: Du nutzt deine Persönlichkeit noch nicht für dein Marketing und machst kein gezieltes »Personal Branding«

Kundinnen kaufen die Sängerin (bzw. den Sänger) und nicht den Song. Was ich damit sagen will, ist, dass du dich nicht über deinen Inhalt einzigartig machst und abhebst, sondern über deine Persönlichkeit.

Wenn früher darüber gesprochen wurde, wie ein Unternehmen sich mit seinem Produkt vom Markt abgeben kann, dann wurde immer gerne vom USP (Unique Selling Proposition) gesprochen. So habe ich es noch in Strategischem Management auf der Uni gelernt. Dabei war es das Ziel ein Produkt (bzw. eine Dienstleistung) zu entwickeln, die einen herausragenden, speziellen Kundinnennutzen hat, um sich damit von den anderen Mitbewerbern und Mitbewerberinnen im Markt abzuheben.

Das Problem bei dieser Strategie ist, dass heute einfach alles kopiert werden kann und auch kopiert wird. Das bedeutet, dass ein Wettbewerbsvorteil nicht mehr in deinem Produkt, sondern in deiner Persönlichkeit bzw. in der Kombination von deinem Produkt und deiner Persönlichkeit zu finden ist.

Wenn du dich selbst zur Marke machst, kann dich niemand jemals kopieren. Deshalb gibt es bei diesem »authentischen Marketing« auch keine Konkurrentinnen oder Mitbewerber. Denn du kannst komplett das Gleiche anbieten wie jemand anders, aber trotzdem völlig andere Kundinnen anziehen.

Marketingfehler Nr. 6: Du hast dich noch nicht als Expertin in deiner gewählten Nische positioniert

Oft stellt sich die Frage, warum manche wenige Unternehmerinnen und Firmen sich vor Aufträgen nicht retten können, während die meisten anderen kaum Kundinnen haben.

Die Antwort darauf ist ganz einfach. Die Kundinnen wollen am liebsten beim Marktführer, der Marktführerin kaufen. Also bei der Person, die allgemein für die Expertin, den Experten für ein spezielles Problem gesehen wird.

Das Hauptproblem, das die meisten Menschen haben, ist, dass sie versuchen sich zu breit zu positionieren. Denn es ist natürlich viel schwieriger sich als Coach für Führungskräfte zu positionieren statt z.B. als Coach, der Selbstständige dabei unterstützt in 7 Schritten den für sie passenden systematischen und automatisierten Verkaufsprozess zu entwickeln.

Denn je breiter der Bereich ist, für den du dich positionieren möchtest, desto mehr Zeit braucht es, um deine Expertise zu zeigen und wirklich Vertrauen mit deinen potenziellen Kundinnen aufzubauen.

Die Sorge der meisten ist, dass sie zu wenig Kundinnen haben werden, wenn sie sich zu spitz positionieren. Aber genau das Gegenteil ist der Fall: Je spitzer deine Positionierung ist, desto MEHR Kundinnen wirst du haben und desto höhere Preise kannst du verlangen. Nämlich unter folgender Voraussetzung: Wenn du als die Expertin für dieses spezifische Thema wahrgenommen wirst.

Marketingfehler Nr. 7: Du verfügst noch über keinen systematischen, automatisieren Verkaufsprozess, um deine Wunschkunden anzuziehen und mit ihnen Vertrauen aufzubauen

Ein erfolgreicher Unternehmer sagte einmal zu mir:

»Solange du keinen systematischen, automatisierten Prozess hast, mit dem du neue Kundinnen generierst, hast du kein Business!«

Ein sehr wahres Wort!

Wie sieht das bei dir aus? Wie kommst du zu Neukundinnen? Hast du so viele Kundinnen, wie du gerne möchtest? Verfügst du über Planungssicherheit? Weißt du schon heute, wie viel du in einem, zwei oder sechs Monaten verdienen wirst? Oder vielleicht nächstes Jahr?

Oder bist du immer damit beschäftigt die Kundinnen von heute zu betreuen, sodass du dir keine Zeit nimmst, um dir über die Kundinnen von morgen Gedanken zu machen?

Falls das so ist, dann brauchst du deinen eigenen, systematischen Verkaufsprozess. Am besten natürlich einen, der möglichst automatisiert läuft.

Ich mache das zum Beispiel so, dass ich Interessentinnen über verschiedenste Quellen (Facebook, mein Podcast, Gastartikel, die ich schreibe, das Buch, das du hier liest etc.) kennenlerne und dann einlade, sich in meinen Newsletter einzutragen. Dann schicke ich ihnen einige E-Mails mit für sie interessanten Inhalten, um Vertrauen aufzubauen. Danach bekommen sie von mir eine Einladung zu einem automatisierten Webinar, in dem ich ein Produkt vorstelle, das für sie interessant ist und das sie sofort zu einem vergünstigten Webinar-Preis kaufen können.

Dieser gesamte Prozess läuft fast völlig automatisiert, wenn er einmal aufgesetzt ist. Ich bekomme dann nur ein E-Mail von meinem Bezahlanbieter, dass eines meiner Produkte verkauft wurde. Du kannst dir vorstellen, dass das meine Lieblings-E-Mails sind.

5. Warum Online-Marketing so wunderbar geeignet ist, dich dabei zu unterstützen deine Berufung zu leben

Der größte Fehler, den viele Frauen machen, ist, dass sie glauben, dass Online-Marketing nur mühsamer, schwieriger Umgang mit Technik ist und natürlich gehört die Technik auch dazu.

Aber in Wahrheit ist Online-Marketing kreative, inspirierende Arbeit. Schreiben, Videos erstellen, Graphiken machen: Das alles macht Spaß! Viele Menschen tun solche Dinge als Hobby.

Trotzdem gibt es natürlich Hürden und Herausforderungen, die hier zu meistern sind. In der Zeit mit meinen Klientinnen habe ich folgende 3 größte Probleme identifiziert, an denen die Leute immer wieder scheitern:

1. **Die richtige Strategie zu haben.** Es gibt tausende Strategien und die größte Schwierigkeit ist es, sich hier nicht zu verzetteln, sondern die richtigen Strategien auszuwählen und auch umzusetzen.

2. **Die technischen Herausforderungen zu meistern.** Obwohl hier die Probleme vor allem im Kopf liegen. Das größte Problem ist die Angst vor der Technik. Denn mit der richtigen Anleitung ist das durchaus zu schaffen.

3. **Die Motivation zu haben dranzubleiben.** Die meisten Menschen, die mit ihrer Berufung online durchstarten, haben kein Umfeld, das sie beim Erreichen ihrer Ziele unterstützt. Im Gegenteil, meistens wird der Aufbau des Online-Business von der Familie und den Freunden als Hirngespinst abgetan. Daher braucht es den Austausch und die Motivation durch Gleichgesinnte.

Gemeinsam mit meinem Geschäftspartner Norbert Hofer habe ich mehrere Online- und Videokurse erstellt, in denen wir unsere Teilnehmerinnen bei diesen 3 größten Hürden unterstützen, die es im Bereich Berufungsbusiness und Online Erfolgreich Sein gibt. Eine Liste mit unseren Kursen (inkl. der Kursbeschreibungen) findest du am Ende dieses Buchs.

Im folgenden Kapitel kommen verschiedene Teilnehmerinnen aus unseren Kursen zu Wort, die erzählen, wie sie die Probleme in ihrem Business gelöst haben und wie Online-Marketing ihr Leben besser und einfacher gemacht hat.

Bianke ist Anwalts-Coach. Sie berichtet, wie es ihr mittlerweile leicht fällt, die Technik zu meistern:

»Ich habe mich in Technik: Wordpress, Autoresponder, Mitgliederbereich eingearbeitet, einfacher als gedacht :-). Jetzt bearbeite ich fast alles selbst: Seiten aufsetzen, Follow-Up Email-Serie nach dem Opt-In etc.« (Bianke Bela-Renz, Anwalts-Coach, www.biankebelarenz.de)

Vor allem bedeutet Online-Marketing aber deine Kundinnen und Interessentinnen zu verstehen, ihnen zu helfen und für sie da zu sein. Hier sind vor allem Fähigkeiten wie Einfühlsamkeit und Empathie gefragt und das haben wir Frauen ja im Überfluss. Mit anderen Menschen Beziehungen aufzubauen und uns um sie zu kümmern, liegt uns Frauen im Blut.

Online-Marketing ist eine sehr weibliche Form des Business

Auf den folgenden Seiten erzähle ich dir, wie du Online-Marketing nutzt, um aus deiner Berufung ein erfolgreiches Business zu machen.

1. Online-Marketing bringt deine Botschaft zu den Menschen, die sie wirklich interessiert

Der erste große Vorteil von Online-Marketing ist, dass du es nutzen kannst, um deine persönliche Botschaft in die Welt zu bringen. Noch niemals zuvor war es möglich mit so geringen Kosten und so einfachen Mitteln so viele Menschen und potenzielle Kundinnen online zu erreichen.

Ich erreiche mit meinem Online-Marketing wöchentlich tausende Menschen und monatlich sogar zehntausende. Es besteht aus einem Blog, Podcast, Videos und Webinaren. Außerdem nutze ich intensiv Social Media.

Dabei sind die Marketing-Kosten sehr überschaubar. Für Blog, Podcast, E-Mail-Newsletter, Webinar Software und Image-Werbung auf Facebook gebe ich weniger als 200 Euro im Monat aus. Als ich mit meinem Business gestartet bin, waren es sogar weniger als 100 Euro.

Darüber freuen sich auch unsere Kursteilnehmerinnen Sandra und Christina:

»Mit einem Budget von 100 Euro pro Monat erreiche ich mit Online-Marketing mehr als mein Mann, der seit 14 Jahren selbstständig ist und das Vierfache für klassische Werbung ausgibt.« (Sandra Wollersheim, Hypnotherapeutin und Berufungs-Coach, www.hypnose-rheinsieg.de)

»Ich spare dadurch Geld, weil ich nicht mehr viel in Printmedien werbe, sondern mich vermehrt aufs Internet konzentriere.« (Christina Wenz, Mediatorin und Volljuristin, www.mediation-wenz.de)

Die Wege, um neue Kontakte zu generieren, sind endlos und sie beschränken sich nicht mehr auf die nächste Nachbarschaft. In dem einen Jahr, seitdem ich Online-Marketing betreibe, hatte ich, obwohl ich in Wien wohne, Kundinnen aus allen Teilen Deutschlands, aus Österreich und der Schweiz. Ich hatte sogar Kundinnen, die in Spanien, Frankreich, Norwegen oder Italien leben.

Ich bin also nicht auf Wien und Umgebung beschränkt, um passende Kundinnen anzuziehen. Nein! Mein Zielmarkt ist der gesamte deutschsprachige Raum und alle Menschen, die im Ausland leben und Deutsch sprechen.

Meine Webinare werden von Menschen aus den USA gesehen und ich hatte sogar schon eine Teilnehmerin aus Costa Rica dabei.

Da ich inzwischen fast 100% meines Umsatzes online mache (wie z.B. Online-Seminare, Videokurse, Skype-Trainings) bin ich mit meiner One-Woman-Show inzwischen ein internationales Business.

In der kurzen Zeit von einem Jahr habe ich mit meinem Einpersonenunternehmen als Business Coach und Trainerin die Freude gehabt über 200 zahlende Kundinnen gewonnen zu haben und jeden Monat werden es mehr. Und das Ganze in einem Markt, in dem viele sagen, dass es so schwierig oder fast unmöglich sei, sich gegen die Konkurrenz zu behaupten.

Bei meinen kostenlosen Ressourcen zu diesem Buch auf **unwiderstehlich-leben.marastix.com** findest du auch eine Checkliste mit meinen besten Tipps zur Gewinnung von Neukundinnen. Da erzähle ich dir, wie ich es gemacht habe.

2. Mit Online-Marketing betreibst du ein Business fast ohne Fixkosten

Wie schon kurz erwähnt, ist es ein weiterer Riesenvorteil, dass du ein Online-Business fast ohne Fixkosten betreiben kannst. Die Kosten sind minimal. Hier siehst du eine Aufstellung der Kosten, mit denen ich in mein Business gestartet bin:

- Hosting meiner Webseite: ca. 10 Euro pro Monat
- Facebook-Profil und Seite: gratis
- Hosting meiner Videos auf Youtube: gratis
- E-Mail-Newsletter Anbieter Mailchimp: ca. 12 Euro pro Monat (Es gibt auch eine Gratisversion, aber die hatte mir zu wenig Funktionen.)
- Hosting der Audiodateien für meinen Podcast: ca. 8 Euro pro Monat
- Büro: kostenlos, da ich mein Wohnzimmer genutzt habe
- Ausrüstung, um meine Videos zu produzieren: mein iPhone und mein MacBook (beides gebraucht)
- Kosten für 2 Mikrophone: ca. 100 Euro

Natürlich habe ich inzwischen deutlich mehr Geld ausgegeben und in eine professionelle Webseite und eine teure E-Mail-Newsletter Software investiert. Aber das habe ich erst gemacht, als ich erste Einnahmen hatte. Ich habe alle Investitionen in mein Business aus den laufenden Einnahmen finanziert.

Da ich sofort in Vollzeit losgestartet bin, brauchte ich trotzdem Ersparnisse, um meinen Lebensunterhalt zu finanzieren. Aber wenn du nebenberuflich oder aus einer Karenz heraus loslegst, dann kannst du das sofort und ohne Ersparnisse machen.

Ich bin immer eine Freundin davon, zuerst Geld zu verdienen und danach zu investieren. Natürlich war mein Business (besonders am Anfang) alles andere als professionell oder perfekt. Aber das war mir überhaupt nicht wichtig. Mir ging es immer um die Freude und Befriedigung meine Berufung zu leben.

Bianke hat aus ihrer Selbstständigkeit als Anwältin heraus ein Online-Business aufgebaut, in dem sie andere Anwälte dabei unterstützt, sich klar zu positionieren und mit ihrem Angebot online sichtbar zu werden. Die Vorteile in ihrem neuen Online-Business beschreibt sie so:

»*Aber allein schon die Tatsache, dass ich keine angemieteten Kanzleiräume mehr habe, sondern nur mit Laptop von zuhause aus und auf der sonnigen Terrasse sitzend die Gespräche führen kann, ist ein pures Vergnügen.*«

3. Mit Online-Marketing kombinierst du Freiheit und Erfolg

Das Tolle an einem Online-Business ist, dass du gleichzeitig mehr Erfolg und mehr Freiheit haben kannst. Wie ich dir ja schon im Kapitel 3 erzählt habe, als ich über Werte geschrieben habe, ist gerade diese Kombination für mich sehr wichtig.

Denn ich möchte ja meinen Erfolg nicht mit meiner Freiheit bezahlen. Sondern meine PS mit Freude und Leichtigkeit auf die Straße bringen.

Und somit arbeite ich heute, wann ich will, wo ich will und vor allem auch, mit wem ich will.

Genauso geht es auch unseren Teilnehmerinnen Véronique und Bianke:

»*Früher habe ich als Angestellte bis zu 70 Stunden pro Woche gearbeitet. Als die Kinder kamen, ging das natürlich nicht mehr. Da habe ich mein eigenes Business gegründet.*

Das Tolle ist die Flexibilität! Die Möglichkeit, meinen Tag selbst einzuteilen und mehr Zeit mit meinen Kindern zu verbringen, ist meine große Motivation.« (Véronique Goldbrunner, Coaching und Begleitung für Schwangere und junge Familien, www.maman-passion.com)

»Ich genieße viel mehr die Freiheit und Flexibilität ortsunabhängig zu arbeiten, wenn ich meine Kundinnengespräche per Skype, Google Hangout oder Telefon führe. Weil ich keine Räume mehr für 1:1 Gespräche anmieten und buchen muss, arbeite ich ortsunabhängig, von wo ich will.

Mein erstes betreutes Online-Coaching-Programm mit geschütztem Mitgliederbereich erlaubt es mir, gleich 3 Anwältinnen gleichzeitig zu betreuen, ohne dass ich ständig präsent sein muss – außer in den wöchentlichen Live-Calls.« (Bianke)

Und auch mir geht es ganz genauso. In den letzten Monaten habe ich von Mallorca, Teneriffa, Ibiza, Florida, Los Angeles und New York aus gearbeitet. Durch meine Videokurse und die automatisierten Webinare bin ich auch schon fast 100% zeitunabhängig geworden. Und auf jeden Fall arbeite ich, von wo und nur, mit wem ich will.

4. Mit Online-Marketing findest du neue Kundinnen

Online-Marketing ist wunderbar dafür geeignet, dass du dir ein Netzwerk aufbaust und eine Liste mit Menschen, die sich für deine Produkte interessieren.

So schreibt zum Beispiel unsere Kursteilnehmerin Kristiane:

»Ich nutze Facebook erst seit weniger als 4 Monaten für mein Business, aber ich habe schon so viele neue Kontakte gemacht, die mich richtig weitergebracht haben.« (Kristiane, Ideenfinder und Versicherungscoach, www.blog.think-orange.me)

Aus diesen Kontakten kannst du dann einen kompletten Sales Funnel aufbauen. Ich mache das zum Beispiel so:

1. Ich gewinne neue Kontakte über Facebook, die sich in meine E-Mail-Liste eintragen.

2. Dann bekommen sie von mir ein kleines Geschenk in Form eines Videokurses.

3. Danach erhalten sie von mir eine Einladung zu einem kostenlosen Vorgespräch. Dabei verwende ich ein Programm, das mit meinem Kalender verbunden ist, sodass sie sich selbst in meinem Kalender einen freien Termin aussuchen können.

4. Im Vorgespräch erzähle ich ihnen von meinen Produkten und verkaufe.

Wenn dich dieser Prozess im Detail interessiert, dann lade dir unbedingt meine zusätzlichen, kostenlosen Ressourcen (Videotrainings, Checklisten und Arbeitsblätter) herunter, die ich für dieses Buch erstellt habe. Du findest sie auf dieser Webseite: **unwiderstehlich-leben.marastix.com**.

Die gleichen Erfolge sieht auch Bianke:

»Seit ich Gratis-Vorgespräche auf meiner Webseite und für meine E-Mail-Liste anbiete, hat sich die Anzahl der Kundinnenanfragen und Beratungsaufträge erhöht. Dabei läuft der Kennenlernprozess durch den Aufbau meiner E-Mail-Liste viel effizienter: Ich frage meine Interessentinnen direkt, wobei sie Unterstützung wünschen und in welcher Form am liebsten.

Durch meinen Online-Terminkalender fällt das nervige und mühselige „Hin-und-her-Terminabgestimme" weg.«

Mir selbst geht es ganz genauso. Ich habe inzwischen eine E-Mail-Liste mit fast 5.000 Interessentinnen aufgebaut und gewinne täglich neue Kundinnen dazu. Bei den kostenlosen Ressourcen zu diesem Buch auf **unwiderstehlich-leben.marastix.com** gibt es auch ein Training, wo ich dir meine besten Tipps weitergebe, wie du deine eigene E-Mail-Liste aufbaust.

5. Mit Online-Marketing kannst du dich viel leichter positionieren

Das Schöne beim Online-Marketing ist, dass du sehr gut die Möglichkeit hast, dich in einem bestimmten, schmalen Bereich zu positionieren und dann mit anderen Menschen zu kooperieren.

Statt dass alle Einzelkämpferinnen versuchen alles abzudecken und sich dann um die Kundinnen streiten, kannst du dich ganz spitz positionieren, eine richtige Expertin in deinem Bereich werden und ein Netzwerk aus Kolleginnen aufbauen, die du weiterempfiehlst und die dich weiterempfehlen.

Diesen Vorteil sieht auch Kristiane:

»*Durch Online-Marketing ist mein Unternehmen super innovativ geworden. Ich bin von "das tut man so, weil alle das so machen" weg und lebe jetzt meine Überzeugungen und agiere so, wie ich das will.*

Seitdem ich Online-Marketing für mein Business nutze, bin ich zu einer richtigen Marke geworden. Meine Persönlichkeit steht im Vordergrund. Somit ziehe ich die Kundinnen an, die wirklich zu mir passen.« (Kristiane, Ideenfinder und Versicherungscoach, www.blog.think-orange.me)

Und Bianke sagt:

»*Mein Positionierungsprozess lässt sich viel kreativer und schneller voranbringen als in der Offline-Welt, weil ich viel mehr Menschen erreiche und um Feedback bitten kann. Ich kann ausprobieren, prüfen und dann schnell abändern; für meine Kundinnen bin ich der Online-Anwalts-Coach, der unkompliziert und schnell erreichbar ist: Das trägt auch zur Positionierung bei.« (Bianke Bela-Renz, Anwalts-Coach, www.biankebelarenz.de)*

Bei meinen kostenlosen Ressourcen zu diesem Buch auf **unwiderstehlich-leben.marastix.com** findest du auch ein kostenloses Videotraining, wie du dich als die Expertin in deinem Bereich positionierst.

6. Mit Online-Marketing wirst du unabhängig

Wenn du Schritt für Schritt und spielerisch den Umgang mit der Technik lernst, dann gewinnst du auch immer mehr Kontrolle über dein Business und wirst somit unabhängig.

Du lernst deine Webseite selbst zu warten und Verkaufsmaterialen zu erstellen. Indem du es selbst machst, geht es ganz schnell, du musst auf niemanden warten und kannst sofort auf Änderungen im Markt reagieren.

Genauso sehen es auch unsere Kursteilnehmerinnen Kristiane und Véronique:

»*Durch Online-Marketing habe ich viel mehr Kontrolle über mein Business als früher. Ich bin nicht mehr von anderen abhängig, sondern ich mache meine Webseite selbst und statt auf Empfehlungen angewiesen zu sein, vermarkte ich mich selbst online.*« (Kristiane)

»*Durch Online-Marketing bin ich unabhängig geworden und habe die Kontrolle über mein Business bekommen!*

Heute ist die Technik so einfach, dass ich meine Webseite selbst gestalten und aktualisieren kann. Ich bastle selbst an meiner Webseite und bin niemandem verpflichtet.

Jetzt denke ich auch darüber nach, digitale Produkte zu erstellen, um passives Einkommen zu generieren.« (Véronique)

Nachdem du jetzt sicher genauso ein glühender Fan des Online-Marketings bist wie ich, zeige ich dir nun im 2. Teil des Buches ganz konkret, wie du deine perfekte Online-Marketingstrategie für dein Business entwickelst.

Bei meinen kostenlosen Ressourcen zu diesem Buch auf **unwiderstehlich-leben.marastix.com** findest du auch ein kostenloses Videotraining, wie du schnell und einfach eine Landing Page für dein Business erstellst, mit der du sofort beginnst deine E-Mail-Liste aufzubauen.

TEIL II Wie du deine eigene Online-Marketingstrategie entwickelst

Wie schon erwähnt ist die größte Herausforderung beim Online-Marketing die große Vielfalt der verschiedenen Strategien, die es gibt und die damit verbundene Gefahr des »Sich Verzettelns«.

Es ist wirklich besser, wenn du 3 Online-Marketingstrategien auswählst und wirklich 100% in deinem Business implementierst, als wenn du versuchst überall ein bisschen mitzumischen und nichts richtig machst.

Wir alle haben heute auch ohne Online-Marketing schon so viel zu tun, dass wir einfach Prioritäten setzen müssen!

Bei mir war es z.B. so, dass ich erst meinen Blog und meinen Podcast gestartet habe. Als die dann gut gelaufen sind, habe ich begonnen Webinare zu veranstalten. Danach habe ich dann begonnen Einzelberatungen anzubieten. Dann sind im nächsten Schritt Videokurse dazugekommen.

Du kannst im Online-Marketing, wenn du verstanden hast, wie es geht, viele Prozesse automatisieren und sozusagen auf »Autopilot« setzen.

Wichtig sind wirklich nur 2 Dinge. Wenn du diese beachtest, dann wird dein Online-Marketing erfolgreich sein:

Du brauchst die richtige Strategie: Das Richtige tun.

Du musst die Strategie auch umsetzen und darfst nicht den Fehler machen zu früh aufzugeben.

Online-Marketing ist nämlich eine langfristige Strategie. Da geht es nicht um »schnell reich werden«, sondern um Ausdauer, Konsequenz und die Fähigkeit dran zu bleiben, auch wenn sich die Erfolge nicht sofort einstellen.

Es bringt nichts einen Blog-Artikel zu schreiben oder ein Facebook-Posting zu machen und dann die nächsten 6 Monate wieder völlig unterzutauchen. Wie schon gesagt: Nichts ist so wichtig, wie konsequent dran zu bleiben.

Dieses Buch unterstützt dich bei Punkt 1 die richtige Strategie zu entwickeln. Denn hier ist weniger mehr. Lieber wenige Kernstrategien konsequent implementieren und umsetzen, als überall etwas zu machen.

Daher beschreibe ich dir jetzt in den folgenden Kapiteln, wie du in 7 Schritten die perfekte Online-Marketingstrategie für dein Business entwickelst:

Kapitel 6: Deine Zielkundinnen definieren

Kapitel 7: Sichtbar werden durch einen erfolgreichen Blog

Kapitel 8: Deine E-Mail-Liste aufbauen

Kapitel 9: Wie du ein Freebie für deine Zielkundinnen erstellst

Kapitel 10: Deine eigene Marke erstellen »Personal Branding«

Kapitel 11: Eine Expertinnen-Positionierung in deiner Nische aufbauen

Kapitel 12: Ein digitales Produkt entwickeln

Kapitel 13: Einen systematischen, automatisierten Verkaufsprozess entwickeln

6. Wie du deine idealen Zielkundinnen findest

Wenn du über Online-Marketing Menschen anziehen und neue Kundinnen gewinnen möchtest, dann stellt sich zunächst eine ganz wichtige Frage und für den Erfolg von deiner Marketing Strategie ist es kritisch, dass du darauf eine gute Antwort hast:

Wen (d.h. welche Kundinnen) willst du überhaupt anziehen?

Und bitte antworte jetzt nicht: Na, alle natürlich!

Nein, dem möchte ich einmal ganz entschieden widersprechen. Für mich sind eine Reihe von Kriterien bei den Kundinnen, die ich anziehen möchte, wichtig. Meine Kundinnen sollen z.B. die folgenden Kriterien erfüllen:

- Meine Produkte und Dienstleistungen stiften sehr großen Nutzen für sie.
- Sie suchen nach dem, was ich biete.
- Sie lieben meine Produkte und Dienstleistungen und empfehlen mich gerne weiter.
- Sie verfügen über ausreichend Geld, um meine Produkte und Dienstleistungen zu bezahlen und investieren sehr gerne in ihr eigenes Weiterkommen.
- Sie sind Menschen, die auf Erfolg ausgerichtet sind und im Leben weiterkommen wollen.
- Etc.

Ich will definitiv nicht jede als Kundin und du solltest das auch nicht wollen.

Deine Wunschkundin

Nimm dir jetzt 5 Minuten Zeit, um eine Liste mit Eigenschaften zu erstellen, die deine Wunschkundinnen erfüllen sollen. Bitte nimm dir dafür das Arbeitsblatt: »Meine Wunschkundin« zur Hand. (Natürlich kannst du die Übung ganz genau so machen, wenn deine Wunschkunden männlich sind.)

Generell lässt sich sagen: Wenn du in deinem Marketing alle erreichen willst, dann erreichst du keine.

Stattdessen brauchst du eine genaue Definition deiner Zielgruppe, die du für dein Produkt und Dienstleistung begeistern willst.

Ein gutes Beispiel für solche Zielgruppendefinition ist Coca Cola. Obwohl es schon Cola Light gab, wurde noch zusätzlich Coke Zero auf den Markt gebracht. Und ich hoffe, du als Coca Cola Liebhaberin bzw. Liebhaber nimmst mir das jetzt nicht übel, aber ich schmecke da echt keinen Unterschied. Beide Cola Sorten sind außerdem zuckerfrei und kalorienarm.

Wofür wurde dann noch eine 2. Cola-Sorte gebraucht? Die Antwort ist ganz einfach: Weil Cola Light sehr weiblich positioniert ist. Die Zielgruppe sind ganz klar und eindeutig Frauen. Und Männer haben sich dadurch nicht angesprochen gefühlt. Daher war es notwendig ein 2. Produkt auf den Markt zu bringen, das auf eine männliche Zielgruppe abzielt.

Die Kundinnen verstehen

Um richtig gutes Marketing zu betreiben und die Wunschkunden auch wirklich anzuziehen, ist es wichtig sie zu kennen und zu verstehen. Du musst die Wünsche, Bedürfnisse, Sorgen und Ziele deiner Kundinnen sogar besser kennen als sie selbst.

Marketing bedeutet nicht Produkte und Dienstleistungen zu verkaufen, sondern Probleme zu lösen.

Im Content-Marketing gibst du deinen Interessentinnen und potenziellen Kundinnen einen Vorgeschmack, wie du sie bei der Erreichung ihrer Ziele und der Lösung ihrer Probleme unterstützt.

Wenn sie deine Blog-Artikel oder Newsletter lesen, müssen sie den Eindruck bekommen, sich endlich selbst zu erkennen und verstanden zu werden. Sie müssen sich denken: »Ja! Genau das ist es! Genau das brauche ich und wünsche ich mir! Das ist super so!«

Daher solltest du dich im nächsten Schritt mit folgenden Fragen beschäftigen:

- Sind meine Zielkundinnen Männer, Frauen, Paare, Familien?
- Wie alt sind sie?
- Wo und wie leben sie?
- Wie hoch ist ihr Einkommen?
- Welcher Gesellschaftsschicht gehören sie an?
- Was machen sie beruflich?
- Welche Ziele verfolgen meine Zielkundinnen?
- Was sind ihre größten Probleme sie zu erreichen?
- Welche Hindernisse stehen ihnen im Weg?
- Was sind ihre geheimen Wünsche und Sehnsüchte?
- Wovor haben sie Angst?
- Wovon träumen sie?
- Wen beneiden sie?
- Was wollen sie in ihrem Leben NICHT mehr haben?
- Was frustriert sie?
- Wen möchten sie beeindrucken?
- Wofür geben sie ihr Geld aus?
- Wobei brauchen sie Hilfe?
- Welche Information fehlt ihnen?
- Was bringt sie zum Lachen?

Am besten du legst jetzt einmal das Buch auf die Seite und beantwortest diese Fragen in Ruhe für deine Zielkundinnen. Vergiss nicht: Den vollen Wert aus diesem Buch bekommst du nur, wenn du die Fragen auch wirklich beantwortest.

Dein idealer Kundinnenavatar

Wenn du die Fragen oben beantwortet hast, dann lass uns jetzt noch einen Schritt weitergehen und deinen idealen Kundinnenavatar erstellen.

Was ist ein idealer Kundinnenavatar?

Die Avatar-Methode kommt aus dem Filmbereich. Drehbuchautorinnen beschreiben einen Filmcharakter in Form von einem Avatar. Der Sinn ist, dass sich die Schauspielerin dann viel besser in die (fiktive) Person eindenken und -fühlen kann. Dabei wird der Charakter genau beschrieben (Aussehen, Charakter, Gefühle, Art, wie sie sich bewegt usw.).

Im Marketing wird ein Kundinnen-Avatar erstellt, damit sich dein Unbewusstes auf diese Person einstellen kann. Das hat zwei Vorteile:

Du beginnst diese Person wirklich kennenzulernen und dich mit den verborgenen Wünschen und Sehnsüchten dieser Menschen zu beschäftigen.

Dein Unbewusstes wird darauf ausgerichtet, nach solchen Menschen Ausschau zu halten und sie in dein Leben zu ziehen.

Im Online-Marketing haben wir ja anders als in einem persönlichen Verkaufsgespräch kein direktes Gegenüber, dem wir unsere Sales Story erzählen. Daher braucht es eine Stellvertreterin/Avatar, die du in Zukunft vor deinem geistigen Auge hast, wenn du deine Blog-Artikel, Videos etc. produzierst. Du produzierst also deinen Content für deinen Avatar (so als wäre das eine echte Kundin).

Das Geheimnis dabei? Du schreibst zwar nur für eine Person, aber alle Menschen, die in dein Zielkundinnenraster passen, fühlen sich angesprochen.

Das glaubst du nicht?

Ausprobieren!

Hier findest du ein Beispiel für so einen idealen Kundinnenavatar:

Silvia ist 170 cm groß, hat braune Augen und hellbraune, schulterlange Haare. Sie hat 59 kg und ist 41. Sie hat 2 Kinder, ihr Sohn Markus ist 14 Jahre alt und ihre Tochter Veronika 11.

Silvia ist mit Bernd verheiratet. Bernd ist selbstständiger Unternehmer und ist im Logistikbereich tätig.

Nach der Geburt ihres ersten Kindes gab Silvia ihre Karriere als Controllerin bei einer großen deutschen Bank auf und fing an, im Unternehmen von Bernd mitzuarbeiten. Von der Arbeit als Buchhalterin dort fühlte sie sich aber schnell unterfordert.

Mit ihrem Mann gemeinsam im Unternehmen zu arbeiten erwies sich auch nicht immer als konfliktfrei. Es kam zu immer mehr Streits und Auseinandersetzungen zwischen Bernd und Silvia.

Heimlich ist Silvia mit ihrem Leben unzufrieden. Obwohl nach außen alles perfekt scheint, mit glücklicher Familie und erfolgreicher Firma. In Wirklichkeit träumt sie davon zu reisen und als Trainerin auf der Bühne zu stehen.

Beim Lesen eines Blogs hat Silvia gemerkt, dass sie eine vielbegabte Scannerin ist. Daraufhin entschied sie sich dafür, eine Coaching-Ausbildung zu machen. Während der Ausbildung hat sie sich viel mit den Themen Persönlichkeitsentwicklung und Berufung finden beschäftigt. Jetzt ahnt sie, dass sie ihre Berufung als Coach für Vielbegabte gefunden hat. Ihr Traum ist es, sich mit diesem Business selbstständig zu machen.

Ihr Mann war zwar einverstanden, dass sie diese Ausbildung macht, sagt aber auch ganz offen, dass er überhaupt nichts davon hält, dass sie in ihrem Traumberuf als Coach arbeiten will. Er findet, sie soll glücklich mit ihrer Rolle als Mutter, Hausfrau und Buchhalterin in seinem Unternehmen sein.

Silvias größtes Problem ist die Frage, wie sie ihre Berufung leben kann, obwohl ihr Mann und auch ihr ganzes Umfeld das für ein Hirngespinst hält und sie auch überhaupt keine Ahnung hat, wie sie Kunden finden soll. Und außerdem gibt es ja schon so viele Coaches im Markt.

Um ihr Business zu starten, bräuchte sie ja außerdem Geld für eine eigene Webseite und sie müsste ein Marketingtraining machen. Wie soll sie Bernd davon überzeugen, sie bei der Finanzierung dieses Vorhabens zu unterstützen?

So jetzt bist du dran! Nimm dir die Zeit, um deinen eigenen idealen Kundinnen-Avatar zu erstellen. Auch dafür gibt es, wie immer, ein Arbeitsblatt.

Das gesamte Marketingkonzept, das du in den folgenden Kapiteln mit meiner Unterstützung erarbeitest, zielt darauf aus, die

Probleme deines idealen Kundinnen-Avatars zu lösen und sie bzw. ihn bei der Erreichung ihrer bzw. seiner Ziele und Wünsche zu unterstützen. Sodass er oder sie dich über das Internet findet, mit dir Vertrauen aufbaut und dann deine Produkte und Dienstleistungen kauft.

7. Wie du durch einen erfolgreichen Blog im Netz sichtbar wirst

So, jetzt hast du das vorige Kapitel durchgearbeitet und das Wichtigste definiert: Welche Kundinnen du überhaupt anziehen willst.

Jetzt kommt der nächste wichtige Schritt: Denn, um Kundinnen anzuziehen, müssen sie überhaupt die Chance haben, dich zu finden, damit meine ich online, im Internet. Du musst also für deine Kundinnen SICHTBAR werden.

Schon im Kapitel 4 habe ich dir gesagt, dass es der größte Marketingfehler ist, nicht sichtbar zu werden und sich zu zeigen. Viele Klientinnen (und Klienten, aber 95% sind Frauen) kommen zu mir, weil sie genau davor Angst haben. Viele trauen sich nicht mit ihrer Webseite bzw. ihrem Blog online zu gehen, weil sie so in Perfektionismus feststecken, dass sie keine Webpräsenz hinbekommen, die sie »schön« genug finden.

Andere haben zwar eine Webseite, die auch online ist, aber sie schämen sich dafür und würden sich am liebsten wünschen, dass die auch ja niemand sieht.

Hier verrate ich dir einmal ein großes Geheimnis: Wenn deine Webseite bzw. Blog dir nicht gefällt und wenn du nicht stolz darauf bist und sie so toll findest, dass du allen (und ich meine wirklich allen!), die dir über den Weg laufen (egal ob online oder im wirklichen Leben) voller Begeisterung davon erzählst, dann wirst du auch keine Besucherinnen auf deiner Webseite haben und schon erst recht keine Kundinnen über sie gewinnen.

Viele meiner Klientinnen haben ganz große Angst, Informationen über sich im Internet preiszugeben. Sie fürchten, dass die Daten zu viel gelesen, gestohlen oder anderweitig missbraucht werden. Viele fürchten sich, was ihre Freundinnen, Kolleginnen oder Familie zu der Seite sagen könnten. Manche haben mir auch schon gestanden, sie wollen ihre Webseite nicht online bringen aus Angst von Kundinnen überrannt zu werden.

Also da kann ich wirklich alle beruhigen. Aus meiner Erfahrung ist es nämlich wirklich ganz genau umgekehrt. Andere Menschen interessieren sich nämlich wenig bis gar nicht für dich und deine Webseite (übrigens auch nicht für meine).

Einer meiner Mentoren sagte einmal: »Weißt du, was andere Menschen über dich denken? Gar nichts! Sie sind viel zu beschäftigt, sich Sorgen zu machen, was die anderen von IHNEN denken!«

Es ist mit Sicherheit nicht so, dass dir die Kundinnen und Besucherinnen deiner Webseite die virtuelle Tür einrennen! Sondern ganz im Gegenteil: Es ist viel Arbeit notwendig, um Besucherinnen auf deine Webseite zu bringen und sie zu Kundinnen zu machen.

Ich sage mit Absicht nicht, dass es schwierig ist. Schwierig ist es nämlich nicht. Aber es gibt einfach 2 Voraussetzungen, die du unbedingt brauchst, um Besucherinnen und potenzielle Kundinnen auf deiner Webseite zu haben:

1. Du brauchst die richtige Strategie bzw. Strategien: Du lernst sie gerade.

2. Du musst sehr konsequent bei der Umsetzung sein und damit meine ich jeden Tag. Es funktioniert leider nicht, ein paar Wochen in die Webseite zu investieren und dann nichts mehr zu machen. Es ist wirklich notwendig laufend am Ball zu bleiben!

Aber keine Sorge, die Arbeit wird mit der Zeit natürlich schon insofern weniger als, dass du beim Online-Marketing viele Prozesse automatisieren, also auf »Autopilot« schalten kannst.

Die Basis, um im Internet sichtbar zu werden, ist natürlich die eigene Webseite. Um Besucherinnen für deine Webseite zu gewinnen, ist es heute nicht mehr ausreichend nur eine einfache, »statische« Webseite zu haben, die im Prinzip nicht mehr als eine Art Visitenkarte im Netz ist.

Wenn du willst, dass deine Webseite für dich verkauft und die beste, unbezahlte Verkäuferin für dein Business wird, dann brauchst du eben Strategien, um Besucherinnen für deine Webseite zu gewinnen. Und ein sehr guter Weg dazu ist einen eigenen Blog zu haben.

Ein Blog ist ein dynamischer Teil auf der Webseite, auf dem du laufend neue Beiträge, Artikel genannt, veröffentlichst.

Früher einmal war Bloggen vor allem ein Hobby und viele Menschen haben dort über Reisen oder andere Freizeitthemen hauptsächlich für ihre Freundinnen geschrieben.

Inzwischen ist das vollkommen anders geworden und Bloggen ist ein ganz wichtiges Marketinginstrument geworden. Aufgrund der geringen Kosten und den tollen Möglichkeiten über den Blog Beziehungen mit potenziellen Interessentinnen aufzubauen, ist das Bloggen gerade für Trainerinnen, Beraterinnen, Coaches und andere Einpersonenunternehmen schlichtweg ideal, um Sichtbarkeit im Netz zu bekommen.

Wichtig ist hier allerdings zu sagen, dass es im Internet bereits Millionen von Blogs gibt. Die Konkurrenz ist also nicht gerade klein. Wenn du willst, dass dein Blog erfolgreich wird und dir auch wirklich Kundinnen bringt, dann gibt es eine Reihe von Aspekten, die du beachten musst.

Die 5 besten Tipps, um deinen Blog erfolgreich zu machen

Und die 5 wichtigsten Tipps, um deinen Blog erfolgreich zu machen, verrate ich dir jetzt hier:

1. Ein guter Blog-Artikel stiftet Wert für alle Menschen, die deinem idealen Kundinnen-Avatar entsprechen

Der größte Fehler, den angehende Business-Bloggerinnen machen, ist einen professionellen Business-Blog mit einem privaten Hobby-Blog zu verwechseln.

In den USA gibt es unter Bloggern den Spruch: »*Nobody cares what you eat for breakfast!*«

Damit ist gemeint, dass du auf dem Blog nicht über dich und dein Leben schreibst, sondern mit dem Blog ein ganz klares Ziel verfolgst: Und das ist, Wert für deinen idealen Kundinnen-Avatar zu stiften.

Darum haben wir uns im vorigen Kapitel auch so intensiv mit dem Thema »Dein idealer Kundinnen-Avatar« beschäftigt. Denn die

Wünsche, Ziele, Träume und Probleme deiner Zielkundinnen sind ganz genau die Themen, um die es auf deinem Blog gehen sollte.

Denn deine Blog-Artikel sollen im Endeffekt nichts anderes als ein gut geführtes Verkaufsgespräch sein. Sie sollen bei deinen Leserinnen (potenziellen Kundinnen) das Gefühl auslösen, verstanden zu werden und somit mit ihnen Vertrauen aufbauen.

2. Auf einem professionellen Blog erscheinen regelmäßig neue Artikel

Auf die Wichtigkeit kontinuierlich und konsequent in der Umsetzung zu sein, habe ich ja schon öfters hingewiesen und für einen Blog gilt das ganz besonders.

Das Erste, was eine neue Besucherin auf einem Blog macht, ist, dass sie nachsieht, wie alt der neueste Blog-Artikel ist. Und wenn der ein halbes Jahr alt ist, dann ist sie sofort wieder weg.

Das heißt, du brauchst unbedingt laufend, neuen und frischen Content auf deinem Blog. Dann sehen die Besucherinnen, dass sich bei dir etwas tut und dass du up-to-date bist mit deiner Information, um welches Thema auch immer es sich bei dir handelt.

Jetzt stellt sich natürlich noch die Frage, wie oft neue Blog-Artikel auf deinem Blog erscheinen sollten. Ich persönlich empfehle meinen Klientinnen zumeist einmal wöchentlich zu bloggen. Aber wenn du jetzt sagst: Unmöglich, das ist für mich nicht zu schaffen, dann ist 1-2 Mal pro Monat auch besser als nichts.

Wichtig ist nur das Ganze dann auch wirklich durchzuziehen! Das heißt, auch lieber 2 Mal pro Monat vornehmen und wirklich auch veröffentlichen, als begeistert mit 1 Mal pro Woche zu starten, nur um dann nach 2-3 Wochen wieder ganz aufzugeben, weil es doch mehr Arbeit ist als gedacht.

3. Eine professionelle Bloggerin hat einen Redaktionsplan

Die beste Möglichkeit, um sicherzustellen, dass du auch immer regelmäßig deine Blog-Artikel veröffentlichst, ist einen Redaktionsplan zu haben.

Viele Bloggerinnen empfehlen dafür dann ausgefallene Software und spezielle Tools. Ich glaube, dass das alles nicht notwendig ist.

Ich persönlich verwende ein einfaches Excel-Sheet, in dem ich Folgendes aufschreibe: Titel des geplanten Artikels, kurze Inhaltsangabe, Datum, an dem er erscheint, ob es sich um einen »normalen« Artikel oder irgendein Special handelt (wie z.B. ein Interview) und ob ich noch etwas Wichtiges zu tun habe (z.B. ein Foto von meinem Interview-Partner anfordern).

Ganz einfach gehalten also, aber sehr nützlich, weil ich in diesem Redaktionsplan auch gleich alle Ideen für zukünftige Blog-Artikel festhalte und somit sicherstelle, dass mir nicht die Ideen ausgehen und ich deshalb nicht pünktlich veröffentlichen kann.

Als kleine Unterstützung für dich habe ich dir ein Arbeitsblatt für das Brainstorming sowie eine Vorlage für einen Redaktionsplan erstellt. Du kannst ihn unter folgendem Link bei mir anfordern: **unwiderstehlich-leben.marastix.com**

Und hier noch ein kleiner Tipp von mir, wie du einen Redaktionsplan für den Blog-Content eines halben Jahres in einem Vormittag (oder Nachmittag) erstellst:

1. Mache ein Brainstorming mit 40 Themen, die du z.B. in folgenden Quellen findest:

- Probleme, Wünsche, Ziele von deinem idealen Kundinnen-Avatar
- Aus Gesprächen mit (potenziellen) Kundinnen
- Von anderen Blogs, die es in deiner Nische gibt
- Aktuelle Themen aus Zeitungen und Zeitschriften, die deine idealen Kundinnen lesen
- Vorstellung (neuer) Produkte und Services aus deinem Business
- Einen Blick hinter die Kulissen von deinem Business

2. Entscheide dich, wie oft du in Zukunft einen Blog-Artikel veröffentlichen möchtest (z.B. einmal pro Woche, jeden Montag).

3. Nimm dir das Excel-Sheet »Redaktionsplan« her (das du auf meiner Webseite angefordert hast) und plane deine Blog-Artikel für das nächste halbe Jahr.

4. Professionelle Blog-Artikel sind gut geschrieben

Diese Regel ist eigentlich ein No-Brainer, aber es gibt einfach so viele Blog-Artikel da draußen, die einfach nur schlecht geschrieben sind. Dabei gibt es wenige, wichtige Punkte, die zu beachten sind, mit denen du dich dann schon vom Großteil der anderen Blogs abhebst.

Hier die wichtigsten Aspekte, an denen du einen guten Blog-Artikel erkennst:

Ein guter Blog-Artikel ...

... stiftet Nutzen für deine idealen Kundinnen.

... hat eine spannende Überschrift, die neugierig macht.

... hat eine klare Struktur und verwendet Überschriften für jedes Kapitel.

Einleitung: Hier verkaufst du den Blog-Artikel.

Hauptteil: Hier löst du ein Problem für deine idealen Kundinnen.

Schlussteil: Hier erzählst du deinem Leser, wie es weitergeht.

... hat ein schönes Foto.

... bringt der Leserin etwas Neues bei, unterhält sie und macht ihr das Leben leichter und neugierig auf mehr.

Besonders wichtig ist hier der Aufbau mit Einleitung, Hauptteil und Schlussteil. Es ist nämlich durch wissenschaftliche Studien belegt, dass die Aufmerksamkeit von Menschen am Anfang und am Ende einer Präsentation bzw. eines Textes am höchsten ist. In der Mitte ist die Aufmerksamkeit dagegen vergleichsweise niedrig.

Daher ist es wichtig, dass du eine spannende Überschrift verfasst, die die Aufmerksamkeit der Leserin einfängt.

So nicht:	Viel besser:
Wichtige Marketingstrategien	Die 5 größten Marketingfehler, die dich deinen Erfolg kosten
Geld verdienen heute	Wie du in 4 Schritten ein Business rund um deine Leidenschaft aufbaust
Persönlichkeitsentwicklung für Unternehmer	Warum ich nicht professionell bin und du es auch nicht sein solltest

Manche Bloggerinnen sagen sogar, die Überschrift macht 80-90% des Erfolgs des Blog-Artikels aus.

Dann kommt die Einleitung, in der du den Leser abholst. Hier geht es darum dem Leser bzw. der Leserin klar zu machen, dass du seine/ihre Probleme verstanden hast und sie dazu bringst (innerlich) ein paar Mal zu nicken.

Dabei kannst du auch gut einige Fragen stellen, z.B.:

- Kennst du auch die Situation, dass neben dem Tagesgeschäft kaum Zeit bleibt, an der Marketingstrategie für dein Unternehmen zu arbeiten?
- Und du hast zwar schon davon gehört, welche großen Möglichkeiten es im Online-Marketing gibt, aber dir fehlt einfach die Vision, wie du Online-Marketing für dein Business einsetzen kannst?
- Gleichzeitig würdest du aber gerne wissen, wie du in einfachen Schritten Kundinnen online gewinnen kannst?
- Würdest du gerne wissen, mit welchen einfachen 5 Schritten du dir deinen eigenen Verkaufsprozess aufsetzen kannst, mit dem du deine Wunschkundinnen anziehst?
- Dann lies weiter, denn diese 5 Schritte erkläre ich dir hier ...
- Etc.

Wenn die Leserin sich für dieses Thema interessiert, dann wird sie oder er jetzt begeistert nicken und den Artikel aufmerksam durchlesen.

Im Hauptteil kommt dann die Information, die du der Leserin mitgeben möchtest. In meinem Beispiel wären das jetzt die besagten 5 Schritte. Dabei empfiehlt es sich jedem dieser Schritte eine Überschrift zu geben, um die Lesbarkeit des Artikels zu erhöhen.

Und dann kommt noch der Schlussteil und der sogenannte CTA (»call to action«). Hier erzählst du deiner Leserin, wie es weitergeht und forderst sie oder ihn zu einer konkreten Handlung auf. Diese kann z.B. sein, dir einen Kommentar auf deinen Artikel zu hinterlassen oder noch besser sich in deinen Newsletter einzutragen.

Somit sammelst du dann gleich die E-Mail-Adresse der Leserin ein und vergrößerst deine E-Mail-Liste. Warum das wichtigste Ziel im Online-Marketing das Aufbauen deiner E-Mail-Liste ist, erzähle ich dir im nächsten Kapitel.

5. Deine Blog-Artikel sind ein Marketinginstrument, um deine Produkte und Dienstleistungen zu vermarkten

Wichtig ist noch zu sagen, dass deine Blog-Artikel kein Selbstzweck sind, sondern ein Marketinginstrument für deine Produkte und Dienstleistungen. D.h., die Themen, über die du bloggst, sollen natürlich zu deinen Produkten passen.

Meine Produkte sind z.B. Kurse, Seminare und Beratungen zum Thema Online-Marketing. Daher blogge ich natürlich auch über diese Themen und weise auch immer wieder (dezent) in meinen Blog-Artikeln auf meine kostenpflichtigen Produkte hin.

Wichtig ist, dass du das auch so machst und eine ganz klare Strategie verfolgst, wie deine Blog-Artikel deine Produkte marketingmäßig unterstützen.

Zusammenfassend gesehen geht es beim Bloggen einfach darum zu beobachten, welche Probleme deine (Wunsch-)Kundinnen haben, ihnen zu helfen, Vertrauen mit ihnen aufzubauen und sie einzuladen später deine Kundinnen zu werden.

8. Wie du deine eigene E-Mail-Liste aufbaust

Vielleicht hast du schon folgenden Spruch im Online-Marketing gehört:

»*Das Geld liegt in der Liste!*«

Das ist die oberste und wichtigste Regel, die du befolgen musst, wenn du online Kundinnen gewinnen bzw. deinen Umsatz steigern willst.

Was bedeutet das konkret?

Mit E-Mail-Liste sind (qualifizierte) Personen (Englisch: Leads) gemeint, die in deine Zielgruppe passen und sich für dich und deine Produkte und Dienstleistungen interessieren. Unter »qualifiziert« verstehe ich, dass sie dich schon etwas kennen und begonnen haben Vertrauen zu dir aufzubauen.

Es ist eines der wichtigsten Ziele, aber auch gleichzeitig für viele eine der größten Herausforderungen, die eigene E-Mail-Liste aufzubauen. Im folgenden Kapitel erkläre ich dir, was du beim Aufbau der Liste beachten musst und gebe dir Tipps, wie du deine eigene Liste erfolgreich aufbaust.

Warum die eigene E-Mail-Liste so wichtig ist

Deine Webseite kann deine beste, unbezahlte Verkäuferin sein und das 24 Stunden am Tag.

Leider ist es so, dass die meisten Besucherinnen, die auf deine Webseite kommen, nichts kaufen, sondern schnell wieder weg sind. Und dann hast du dir leider die ganze Mühe umsonst gemacht.

Stell dir z.B. vor, du hast einen tollen Blog-Artikel geschrieben und hast ihn über Social Media (z.B. Facebook) vermarktet und 200 Besucherinnen kommen auf deine Webseite, um den Artikel zu lesen und sind dann gleich wieder weg. Das war nicht das, was du erreichen willst.

Viel besser ist es, wenn diese Personen nicht nur deinen Blog lesen, sondern sich auch mit ihrer E-Mail-Adresse in deine

E-Mail-Liste eintragen. Durch diesen freiwilligen Eintrag, bei dem sie ihre E-Mail-Adresse zusätzlich auch noch per Klick auf einen Link bestätigen (Double Opt-In genannt), erlauben sie dir etwas zu tun, das bei Privatpersonen sonst datenschutzrechtlich verboten ist: ihnen zukünftig per E-Mail-Newsletter für sie interessante Informationen zu senden.

Und damit hast du die Möglichkeit ihnen immer wieder Links zu für sie relevanten Blog-Artikeln zu schicken und sie wieder zurück auf deine Webseite zu holen.

Die meisten Expertinnen schätzen, dass 5-12 Kontakte mit einer Person notwendig sind, bis diese sich entscheidet von dir zu kaufen.

Das kann ich aus meiner persönlichen Erfahrung auch bestätigen. Ich frage viele meiner Klientinnen, wie sie denn auf mich gekommen sind und die Antworten sind meistens sehr ähnlich:

»*Also zuerst habe ich deinen Podcast gehört, dann habe ich begonnen deinen Blog zu lesen und mich in deinen Newsletter eingetragen. Nachdem ich dich dann in einem Live-Webinar gesehen habe, habe ich mich entschieden mich für eine Beratung bzw. Seminar an dich zu wenden.*«

Du brauchst also mehrere Kontakte und wenn du die E-Mail-Adresse von jemandem hast, dann kannst du sie oder ihn immer wieder informieren.

Wie groß soll deine E-Mail-Liste sein

Im Online-Marketing wird der Wert einer E-Mail-Adresse mit 1 Euro Umsatz pro Monat angegeben. Das bedeutet, dass du mit einer E-Mail-Liste mit 3.000 Interessentinnen bis zu 3.000 Euro Umsatz pro Monat machen kannst.

3.000 E-Mail-Adressen wird auch meistens als Ziel angegeben, das du brauchst, um ein professionelles Online-Business betreiben zu können.

Mir persönlich ist diese Zahl zu pauschal. Ich denke, das hängt sehr stark davon ab, welche Produkte du verkaufst und wie stark das Vertrauen ist, dass du mit deiner Liste aufgebaut hast.

Wenn du z.B. Einzelcoachings verkaufst und nur 5-10 Klientinnen pro Monat benötigst, dann kann schon eine Liste mit 500 Interessentinnen absolut ausreichend sein, um damit gut ausgelastet zu sein.

Wenn du auf der anderen Seite Videokurse oder Bücher verkaufen willst, die z.B. nur 49 Euro oder 19 Euro kosten, dann brauchst du natürlich eine viel größere Liste, um damit einen guten Umsatz zu machen.

Im Kapitel 3 hast du dir ja schon Gedanken über dein Umsatzziel und die Produkte und Dienstleistungen, die du anbieten willst, gemacht. Jetzt gilt es diese Überlegungen weiter zu verfeinern und dir Gedanken über folgende Fragen zu machen:

- Wie viele Produkte, Coachings, Teilnehmer brauche ich, um mein Umsatzziel zu erreichen?
- Wie gut ist meine Conversion Rate? D.h., wie viel Prozent deiner Interessentinnen werden dann auch zu Kundinnen?

Wie immer hilft dir dabei dein Arbeitsblatt, das du dir auf **unwiderstehlich-leben.marastix.com** herunterladen kannst.

Wenn du diese Fragen für dich beantwortet hast, dann weißt du auch, wie groß die E-Mail-Liste ist, die du für dein Business brauchst.

5 Fehler im E-Mail-Marketing, die du unbedingt vermeiden solltest

Newsletter zu selten oder gar nicht verschicken

Der größte Fehler, den du im E-Mail-Marketing machen kannst, ist überhaupt keinen Newsletter zu verschicken. Ich bin immer wieder überrascht, wie viele Unternehmen tausende E-Mail-Adressen haben und überhaupt nichts damit machen. Das ist natürlich völlig brachliegendes Potenzial.

Selbst wenn du nur eine Liste mit 20 E-Mail-Adressen hast, ist es ganz wichtig, dass du diese Interessentinnen laufend mit für sie interessanten Inhalten versorgst.

Denn der 2. Fehler, den du im Zusammenhang mit deinem Newsletter machen kannst, ist, ihn zu selten zu verschicken. Viele meiner Klientinnen haben die Sorgen, dass sie ihren Newsletter zu häufig verschicken und ihre Empfänger somit vergraulen. In 99% ist das Gegenteil der Fall.

Einen Newsletter vier Mal pro Jahr zu verschicken ist zwar besser als gar nichts, aber die Zeitspanne ist viel zu groß und potenzielle Kundinnen haben dich längst vergessen.

Ich werde häufig gefragt, wie oft ein Newsletter verschickt werden soll. Ich verschicke 1-2 Mal pro Woche meinen Newsletter und es hat sich noch nie jemand bei mir beschwert, dass das zu häufig war.

Generell empfehle ich meinen Klientinnen meistens einen wöchentlichen Newsletter zu verschicken, in dem auf den aktuellen Blog-Artikel hingewiesen wird.

Auch hier gilt aber wieder: Wichtig ist die Regelmäßigkeit. Besser ist es, wenn du deinen Newsletter regelmäßig alle 2 Wochen verschickst, als zuerst einen wöchentlichen Newsletter zu versuchen und dann nach 2-3 Wochen wieder aufzuhören.

Newsletter ohne Mehrwert für die Kundinnen verschicken

Ob sich deine E-Mail-Abonnentinnen durch deinen Newsletter genervt fühlen, hängt nämlich nicht davon ab, wie oft du ihn verschickst, sondern davon, ob der Newsletter für sie interessant ist und Mehrwert stiftet.

Das ist der nächste große Fehler im E-Mail-Marketing: Newsletter zu verschicken, die für deine Kundinnen keinen Mehrwert stiften.

Viele Unternehmen informieren vor allem über unternehmensinterne Themen in ihrem Newsletter, wie z.B. dass es neue Mitarbeiterinnen gibt oder sie in ein neues Büro umgezogen sind. Solche Informationen sind für die (potenziellen) Kundinnen meist völlig unerheblich.

Die Inhalte im Newsletter sollten die Probleme deines idealen Kundinnenavatars lösen und deine Expertise in deinem Bereich herausstreichen, genauso wie deine Blog-Artikel.

Nicht rechtzeitig anfangen über den Newsletter zu verkaufen

Auch beim Newsletter gilt, genauso wie beim Bloggen, dass das Newsletterschreiben natürlich kein Selbstzweck ist, sondern dazu dient, deine Produkte und Dienstleistungen zu verkaufen und dein Business weiterzubringen.

Aus diesem Grund darfst (nein sollst) du auch über deinen Newsletter verkaufen, also für deinen Zielkundinnen-Avatar interessante Angebote machen.

Inaktive E-Mail-Adressen im Newsletter ansammeln

Ein Grund, warum viele sich nicht trauen über ihre Listen auch zu verkaufen, ist, dass sie Angst haben, dass sich ihre E-Mail-Abonnentinnen als Reaktion darauf wieder von der Liste abmelden.

Und diese Angst ist wirklich nicht zielführend. Das Ziel einer E-Mail-Liste ist ja nicht irgendwelche E-Mail-Adressen zu sammeln, sondern die E-Mail-Adressen von Personen, die zu deinem idealen Kundinnenavatar gehören. Das sind Personen (du erinnerst dich), die an deinen Produkten und Dienstleistungen Interesse haben.

E-Mail-Adressen von Menschen zu sammeln, auf die das nicht zutrifft, macht überhaupt keinen Sinn. Sie verschlechtern die Öffnungsrate deines Newsletters (also den Prozentsatz der Personen, die einen E-Mail-Newsletter von dir bekommen und diesen auch öffnen). Das kann dazu führen, dass du von E-Mail-Providern wie z.B. Google-Mail als Spam eingestuft wirst.

Da du bei den meisten E-Mail-Newsletter-Anbietern je nach Anzahl der verwalteten E-Mail-Adressen bezahlst, kostet dich das zusätzlich Geld für nichts.

Ein erfolgreicher Internet-Marketer sagte einmal zu mir: »Die Leute sollen kaufen oder sich wieder abmelden. Ein paar E-Mails zum Vertrauensaufbau sind gut, aber dann hopp oder dropp.«

Und genauso handhabe ich es auch mit meiner Liste und das funktioniert super. Ich gehe sogar so weit meine Abonnentinnen aktiv zu bitten, sich aus meinem Newsletter auszutragen, wenn sie sich nicht für die Inhalte interessieren.

Dass ich Geld bezahle, um Menschen E-Mails zu schicken, die sich dafür nicht interessieren und sich dadurch belästigt fühlen, macht weder für sie noch für mich Sinn. De facto ist es Spam und da ich selbst durch E-Mails von Viagra-Werbung und Liebesgeständnissen genervt bin, will ich das auf keinen Fall irgendjemand auf meiner E-Mail-Liste zumuten.

Leute, die sich austragen, hätten sowieso nichts von dir gekauft.

Keinen Fokus auf die gezielte Vergrößerung der Liste legen

Sobald du dein Ziel für deine E-Mail-Liste definiert hast, beginnst du sie mit gezielten und strategischen Maßnahmen zu vergrößern. Das funktioniert am besten so:

Wie du dir am schnellsten eine E-Mail-Liste aufbaust

Die beste Möglichkeit, um deine eigene E-Mail-Liste schnell aufzubauen, ist deinen neuen Abonnentinnen ein kleines Geschenk im Austausch für ihre E-Mail-Adresse anzubieten. Denn auch im Internet gilt: Kleine Geschenke erhalten die Freundschaft.

Im nächsten Kapitel erzähle ich dir, was ein Freebie ist und was es nicht ist, welche Arten von Freebies es gibt, wie du in wenigen Schritten eines erstellst und mit welchen 5 Strategien du am schnellsten Besucherinnen auf deine Webseite bekommst, um sie mit Hilfe von deinem Freebie zu Newsletter-Abonnentinnen zu machen.

9. Wie du ein Freebie für deine Zielkundinnen erstellst

Was ist ein Freebie?

Im vorigen Kapitel hast du gelernt, dass das Wichtigste für dein Online-Business deine E-Mail-Liste ist.

Jetzt stellst du dir wahrscheinlich die Frage, warum sich die Menschen in deine E-Mail-Liste eintragen sollen. Die meisten Menschen bekommen heute schon viele E-Mails und sind daher sehr vorsichtig damit, jemandem ihre E-Mail-Adresse anzuvertrauen.

Im Prinzip ist die Antwort sehr einfach: Menschen geben dir ihre E-Mail-Adresse, wenn du wirklich massiven Wert für sie stiftest. Wenn du also die E-Mail-Adresse nur nutzt, um Werbung zu verschicken, dann melden sich die Menschen schnell wieder ab.

Wenn sie merken, dass du ihnen laufend nützliche Inhalte schickst und Mehrwert für sie stiftest, dann freuen sie sich über deine E-Mails und du baust Vertrauen mit ihnen auf.

Das Freebie (auch Lead Magnet genannt) ist ein Geschenk, das deinen Interessentinnen massiven Wert stiftet und sie im Austausch für ihre E-Mail-Adresse bekommen.

Warum du ein Freebie haben willst

Der erste große Vorteil, den du durch das Freebie hast, ist, dass die Menschen damit eine Kostprobe deiner Arbeit gratis bekommen und dich so testen können. Du baust also Vertrauen von deinen zukünftigen Kundinnen zu dir auf und machst ihnen Lust auf mehr.

Der zweite Vorteil ist, dass du durch das Freebie etwas über deine Zielgruppe lernst. Denn du trittst mit deinen potenziellen Kundinnen in Interaktion und sie sagen dir, was ihnen gut an dem Freebie gefällt und wo sie noch offene Fragen haben. Somit kannst du dein Freebie auch laufend weiterentwickeln und verbessern.

Der dritte große Vorteil ist, dass du dein Freebie in weiterer Folge auch zu einem kostenpflichtigen Produkt weiterentwickeln kannst. So kannst du z.B. ein kurzes eBook als Freebie erstellen und später ein kostenpflichtiges Buch daraus machen. Oder dein Freebie ist ein Mini-Videokurs, aus dem du später einen kostenpflichtigen Videokurs machst. Da gibt es ganz viele Möglichkeiten!

Im Idealfall bauen deine kostenpflichtigen Produkte auf dem Freebie auf und bilden damit einen sogenannten »Verkaufstrichter«. Das bedeutet, dass die Menschen zuerst dein kostenfreies Freebie nutzen (z.B. ein eBook) und dann ein Teil dieser Menschen, die sich noch mehr mit diesem Thema beschäftigen wollen, eines deiner kostenpflichtigen Produkte kauft (z.B. ein Coaching).

Welche Arten von Freebie es gibt

Es gibt viele verschiedene Arten von Freebies. Am besten eignen sich natürlich digitale Produkte als Freebie, weil du damit keine Arbeit hast, sobald der Prozess einmal aufgesetzt ist. Digitale Produkte sind z.B. eBooks, Audiobücher, PDFs, Videokurse etc.

Diese werden nämlich, sobald sich die Interessentin auf deiner Internetseite (Landing Page genannt) für dieses Freebie mit ihrer E-Mail-Adresse eingetragen hat, mit einer automatisierten E-Mail-Serie (Autoresponder) verschickt, ohne dass du manuell in den Prozess eingreifen musst.

Mein erstes Freebie war eine 4-teilige Mini-Video-Serie, die ich erstellt habe, um Menschen dabei zu unterstützen eine passende Karriere für sich zu finden. Dieses Freebie ist ganz super gelaufen und hat mir ca. 700 Newsletter-Abonnentinnen gebracht.

Mein zweites Freebie war dann eine E-Mail-Beratung, die Menschen dabei unterstützt hat, ihr eigenes Lifestyle Business aufzubauen.

Und mein aktuelles Freebie unterstützt dabei mittels Online-Marketing Kundinnen zu finden. Hier kannst du es gratis herunterladen: ***www.marastix.com/online-kunden-gewinnen***

Hier findest du eine Liste von verschiedenen Freebie-Formaten:

Audio, Video, PDF-Report, eBook, PDF-Checkliste, Webinar, E-Mail Coaching, E-Mail Autoresponder Serie (z.B. 15 Tipps) und der Interessent bekommt 15 E-Mails mit jeweils einem Tipp oder auch eine kostenlose Kurzberatung (z.B. 15 Minuten).

Das Wichtigste erzähle ich dir in den folgenden Absätzen:

Wie du in 5 Schritten dein Freebie erstellst

Ein gutes Freebie erfüllt folgende 2 Kriterien:

1. Es löst ein ganz konkretes Problem, das deine Zielkundinnen haben.

2. Es bietet deinen Zielkundinnen eine Kostprobe von deiner Arbeit und macht sie neugierig auf mehr.

Diese beiden Ziele behältst du immer im Hinterkopf, wenn du dein Freebie produzierst.

1. Sprich mit 5 potenziellen Kundinnen von dir (also Personen, die in deinen idealen Kundinnenavatar passen) und frage sie nach ihren Wünschen, Problemen und Sehnsüchten.

2. Identifiziere ein Problem, das von deinen Zielkundinnen sehr häufig bzw. am häufigsten genannt wurde.

3. Finde eine passende Lösung für das Problem von deinen Zielkundinnen.

4. Entscheide dich für die beste Art von Freebie, um das Problem deiner Zielkundinnen zu lösen.

5. Entwickle das Freebie.

Als kleine Hilfe habe ich dir hier einige Fragen zusammengestellt, die du beim Gespräch mit deinen Zielkundinnen stellen kannst:

- Wo stehst du derzeit hinsichtlich X?
- Was ist dein wichtigstes Ziel bei X? Was möchtest du erreichen?
- Welche Probleme hast du derzeit, wenn du X machst?
- Was hindert dich daran dein Ziel zu erreichen?
- Welche Produkte/Dienstleistungen verwendest du schon in diesem Bereich?

- Was fehlt dir bei den bestehenden Lösungen?
- Was wünscht du dir, das derzeit nicht erfüllt wird?
- Welche Produkteigenschaften sind dir wichtig bzw. nicht wichtig?
- Wärst du bereit Geld für ein Produkt oder eine Dienstleistung zu bezahlen, das/die dir mit diesem Problem hilft?
- Wie viel Geld würdest du dafür bezahlen?

Wenn du also Beziehungscoach bist, dann könnte dein Freebie z.B. sein:

- Ein vierwöchiges E-Mail Coaching für Single-Frauen zum Anziehen von ihrem Traummann oder
- Die 10 besten Tipps, um die Leidenschaft in Ihrer Beziehung wieder zu entfachen

Ich habe auch schon Freebies zu verschiedensten Themen gesehen, z.B.:

- In 5 Schritten zu einem flachen Bauch
- 21 gesunde, vegane Rezepte
- Die besten 22 Tipps für einen erfolgreichen Blog
- Und, und, und

Der Phantasie sind hier wirklich keine Grenzen gesetzt. Es geht darum, was für deine Zielkundinnen wichtig ist und was ihnen großen Mehrwert stiftet.

Wenn du dich im Detail dafür interessierst, welche Freebies es gibt und wie du sie erstellst, dann empfehle ich dir den Videokurs »E-Mail Kickstarter« von Norbert Hofer und mir. Da führen wir dich Schritt für Schritt durch diesen Prozess. Hier findest du alle Informationen zum Kurs: http://email-kick-starter.de/

Sobald du dein Freebie erstellt hast, brauchst du eine Internetseite, Landing Page genannt, auf der sich Menschen für deine E-Mail-Liste eintragen und sich das Freebie herunterladen können.

Sobald du diese erstellt hast, brauchst du natürlich noch Besucherinnen, die auf deine Landing Page kommen. Wie ich Besucherinnen für mein Freebie gewonnen habe, erzähle ich dir jetzt:

Die 5 besten Tipps, um Besucherinnen für deine Freebie Landing Page zu bekommen

1. Social Media: Vor allem Facebook

Eine wunderbare Möglichkeit, um Besucherinnen auf deine Webseite einzuladen, ist über Social Media. Ich nutze hier vor allem Facebook und in letzter Zeit auch zunehmend Twitter.

Dabei poste ich den Link zu meinem Freebie auf meinem Facebook-Profil und auch auf meiner Facebook-Fanseite. Zusätzlich bitte ich auch Freunde von mir, das Freebie mit ihren Freunden und Fans zu teilen. Ich poste das Freebie auch in Gruppen, in denen meine idealen Kundinnen Mitglied sind.

2. Gastartikel schreiben

Eine zweite Möglichkeit ist es, einen Gastartikel auf einem anderen Blog zu schreiben, der von deinen Zielkundinnen gelesen wird.

Andere Blogger freuen sich zumeist über Gastartikel, die für ihre Leserinnen und Leser Mehrwert stiften und veröffentlichen Gastartikel sehr gerne, wenn sie gut geschrieben sind.

Am Ende des Gastartikels gibt es zumeist einen Absatz, wo du dich als Autorin des Artikels vorstellst und nach Absprache mit der Besitzerin deines Gastblogs kannst du hier dein Freebie kurz vorstellen und einen Link dorthin setzen. Ich habe z.B. einen sehr erfolgreichen Gastartikel auf dem Blog 30tausend.de geschrieben. Hier findest du den Link: *http://www.30tausend.de/die-zeit-gegen-geld-tausch-falle-ist-und-wie-du-ihr-entkommst/*

3. Interviews geben

Die dritte Möglichkeit ist Interviews auf einem anderen Blog bzw. Podcast zu geben. Das funktioniert im Prinzip recht ähnlich wie das Schreiben eines Gastartikels.

Das Wichtigste hier ist einfach ein gutes Netzwerk zu anderen Menschen aufzubauen, die ähnliche Zielkundinnen wie du ansprechen, bzw. für deren Zielkundinnen du Wert stiften kannst.

Am besten ist es, wenn du sie anschreibst, ihnen erklärst, warum dir ihre Arbeit gefällt und wie du Wert für ihre Zielgruppe schaffen kannst.

Du kannst sie natürlich im Gegenzug auch zu einem Interview auf deinem Blog einladen. Dann schafft ihr für euch gegenseitig Mehrwert und eine Win-Win-Situation entsteht.

4. Facebook-Werbung

Eine weitere wunderbare Möglichkeit, um Interessentinnen für dein Freebie zu finden, ist bezahlte Facebook-Werbung zu schalten. Dies ist schon ab einem ganz geringen Betrag (z.B. 4 Euro pro Tag) möglich.

Besonders wichtig bei Facebook-Werbung ist es, die richtige Zielgruppe auszuwählen, die deine Anzeige dann auch zu sehen bekommt.

Hier kommt wieder die Wichtigkeit von deinem idealen Kundinnenavatar ins Spiel. Denn für die Facebook-Werbung musst du wissen, ob du Frauen oder Männer ansprechen willst, in welchem Alter deine Zielgruppe ist und welche Interessen sie hat.

Wenn du diese Parameter richtig auswählst, dann funktioniert Facebook-Werbung super.

5. Über dein Netzwerk

Eine weitere Möglichkeit, um Besucherinnen auf die Landing Page von deinem Freebie einzuladen, ist über dein persönliches Netzwerk. Du kannst alle deine bestehenden Kontakte anschreiben und sie auf das Freebie hinweisen.

Du kannst auf Netzwerkveranstaltungen neuen Kontakten davon erzählen und sie bitten dir ihre E-Mail-Adresse zu geben, damit du ihnen das Freebie schicken kannst. Du kannst dein Freebie auf Vorträgen vorstellen, die du gibst. Du kannst deine Freundinnen bitten, eine Einladung zu deinem Freebie zu verschicken. Und, und, und.

Auch hier sind deiner Phantasie keine Grenzen gesetzt. Das wichtigste Ziel bei allen, die du kennst bzw. noch kennenlernst, frage ihn oder sie einfach, ob dein Freebie für sie Wert stiftet, bzw. ob sie jemanden kennen, für den das der Fall ist. Wenn ja, dann lade sie ein, dir ihre E-Mail-Adresse zu geben, damit du ihnen das Freebie zuschicken kannst.

Mit diesen ganzen Strategien habe ich es in wenigen Monaten geschafft eine E-Mail-Liste mit über 4.500 Abonnentinnen aufzubauen. Diese nutze ich heute, um alle meine Beratungen, Seminare und Kurse zu verkaufen und das funktioniert ganz wunderbar.

Über solche Erfolge freut sich auch meine Klientin Melanie, die in nur einer Woche ihre ersten 100 E-Mail-Abonnentinnen gewonnen hat. Mit Hilfe von unserem E-Mail Kickstarter Kurs erstellte sie als Freebie ein eBook, das die wichtigsten Fragen der Kunden in ihrer Nische beantwortet. Danach verschickte sie die Einladung, ihr eBook herunterzuladen an ihre E-Mail-Liste und teilte sie auch auf Facebook. Ihre Freunde teilten das Posting weiter und weil das eBook genau auf ihre Zielkunden angepasst war, verteilte es sich schnell und half ihr in ganz kurzer Zeit ihre E-Mail-Liste aufzubauen.

Alle Informationen zu meinem E-Mail Kickstarter Kurs findest du hier: *www.marastix.com/eks*

Viel Spaß und Freude bei der Erstellung von deinem Freebie und dem Aufbau deiner E-Mail-Liste!

10. Personal Branding – Wie du aus dir selbst eine Marke entwickelst

Was ist Personal Branding

Das Wort »Branding« kommt von dem englischen Wort »Brand« (Marke) und steht für Markenaufbau.

Personal Branding bedeutet, dass du aus dir selbst eine Marke machst. Statt einen abstrakten Namen für deine Marke zu verwenden, nimmst du deinen Namen.

Eine Marke dient dazu, eine Botschaft und bestimmte Werte an die Kundinnen und Fans der Marke zu transportieren. Das führt dazu, dass du eine stärkere Kundinnenbindung aufbaust und dich von den anderen Unternehmen, die in deinem Markt tätig sind, abhebst.

Im Online-Marketing ist der Aufbau einer Marke besonders wichtig, da dich die meisten deiner Kundinnen und Interessentinnen nicht persönlich kennen. 99% meiner Kundinnen haben mich noch niemals offline getroffen.

Ein kleiner Teil meiner Kundinnen kommt über eine persönliche Empfehlung zu mir. Und obwohl die Anzahl dieser Kundinnen stetig steigt, was mich sehr freut, wird der Großteil der Menschen durch meine Marke angezogen.

Meine Marke heißt (so wie ich) Mara Stix und du findest sie auf meiner Domain *www.marastix.com*.

Wenn du »Mara Stix« bei Google eingibst, dann findest du jede Menge Informationen über meine Marke und selbst Menschen, die mich noch nicht kennen, können sich sofort ein Bild über mich machen. Viele meiner Kundinnen sagen mir beim ersten Gespräch, dass sie das Gefühl haben, mich schon ewig zu kennen und schon längere Zeit meinen Blog verfolgen und meine kostenfreien Inhalte konsumieren.

Sehr oft bekomme ich zu hören, dass Kundinnen mir sagen, dass sie von meinen kostenfreien Inhalten schon so viel profitiert haben, dass es einfach der logische nächste Schritt war, einen Kurs bei mir zu kaufen oder ein Seminar zu besuchen.

Das freut mich natürlich jedes Mal sehr! Unnötig zu erwähnen, dass ich solchen Kundinnen und Klientinnen nichts »verkaufen« muss. Sie haben über längere Zeit Vertrauen zu mir aufgebaut, sind von dem Wert meiner Arbeit überzeugt und kaufen sehr gerne meine Produkte. Es ist eine wunderbare Win-Win-Beziehung für beide Seiten.

Warum du Personal Branding machst

Eine sehr oft gehörte Sorge von meinen Klientinnen ist, dass sie zu mir sagen: »Mara, kann ich wirklich XY machen? Es gibt doch schon so viele, die das Gleiche tun.«

Und die Antwort darauf von mir ist ein Spruch aus dem Alten Testament: »*There is nothing new under the sun.*«

Das bedeutet, dass es keine wirklich neue Idee gibt. Alle Ideen gab es in ähnlicher oder abgewandelter Form bereits in der Vergangenheit.

Als ich mich als Beraterin und Coach selbstständig gemacht habe, da hörte ich ganz oft: »Bist du dir wirklich sicher? Es gibt doch schon sooooooo viele Coaches da draußen. Wie soll es da noch Platz für noch einen Coach wie dich geben?«

Und obwohl mich diese Warnungen nicht davon abgehalten haben, mich selbstständig zu machen und meinen Weg zu gehen, habe ich sie doch ernst genommen und mir die Frage gestellt: Wie kann ich herausstechen? Wie kann ich nicht nur der fünfhundertste Coach sein oder die tausendste Beraterin?

Die Antwort darauf fand ich im Personal Branding. Personal Branding macht dich einzigartig. Viele Menschen können Coach oder Beraterin werden, aber keine kann Mara Stix werden.

Mir war auch klar, dass ich keinen Beruf wollte, sondern ein Business, das meine Berufung ist. Wenn ich die Marke »Mara Stix« bin, dann bin ich sie 24 Stunden am Tag. Sie ist nicht nur eine Rolle, die ich den Menschen vorspiele, sondern sie ist meine Identität, die ich immer lebe.

Als Unternehmerin hast du kein Privatleben. Du kannst nicht so wie ich für Werte wie Freiheit und Liebe stehen und in deiner Freizeit über andere Menschen herziehen und lästern. Denn das wäre nicht authentisch.

Und es ist für deine Marke ganz wichtig, dass du authentisch bist. Authentizität entsteht durch Konsistenz. Du und deine Marke werden als authentisch wahrgenommen, wenn ihr das Gleiche sagt und tut. Das muss konsistent sein.

So baut deine Marke Vertrauen auf und deine Zielkundinnen werden zu Fans der Marke.

Und deshalb solltest du Personal Branding machen. Weil du dann mehr Spaß in deinem Business hast, mit loyaleren Kundinnen, einer besseren Kundinnenbindung und der Möglichkeit höhere Preise zu verlangen.

Wie du in 6 Schritten deine eigene Marke entwickelst

1. Entwickle einen Namen für deine Marke

In meinen Beratungen fragen mich Klientinnen sehr oft, wie sie ihre Marke denn nennen sollen. Meine Empfehlung ist ganz einfach: Nenne die Marke so, wie du heißt. Also verwende einfach deinen Namen, genau so habe ich es mit ***www.marastix.com*** auch gemacht.

Eine weitere häufige Frage an mich ist, welche Domain-Endung verwendet werden soll. Ich persönlich empfehle für Deutsche die Endung .de oder .com. Für mich als Österreicherin macht .com am meisten Sinn, da ich den Eindruck habe, dass sich Deutsche von einer .at Endung nicht angesprochen fühlen.

Du solltest dir hierbei vor allem die Frage stellen, wie du deine Zielgruppe geographisch definierst. Meine Zielgruppe ist der deutschsprachige Raum. Zusätzlich kann ich mir sehr gut vorstellen in Zukunft auch einen englischsprachigen Blog zu betreiben. Daher macht für mich die Endung .com sehr viel Sinn.

Sollte es deinen Namen mit .com oder .de Endung nicht mehr geben, dann musst du etwas kreativer werden und z.B. vorname-nachname.com oder .de ausprobieren. Eventuell kannst du auch zusätzlich einen zweiten Vornamen in deiner Domain verwenden, also vorname1vorname2nachname.com oder .de. Ich hatte auch schon Klientinnen, die statt dem Vornamen einen Spitznamen oder Kurzform verwendet haben, weil der gewünschte Domain-Name nicht mehr verfügbar war: z.B. Kathi statt Katharina.

Auch hier gilt wieder: probieren, probieren, probieren. Deiner Phantasie sind keine Grenzen gesetzt.

2. Finde dein Warum

Der nächste Schritt zum Aufbau deiner Marke ist dir die Frage zu stellen:

Warum gibt es deine Marke?

Welches Ziel verfolgt deine Marke? Was will sie in die Welt bringen bzw. in der Welt verändern?

Nimm dir auch deine Ergebnisse aus dem Kapitel 3 noch einmal her und baue auf den dort definierten Zielen und Werten für dein Business auf.

Simon Sinek beschreibt es ganz wunderbar in seinem Buch »*Frag immer erst: warum*«. Die besten Unternehmen haben ein ganz klares »Warum«, also eine ganz klare Vision.

Wenn sie überlegen, was sie tun, steht nicht das »Was« im Vordergrund. Also sie sagen z. B. nicht, dass sie Trainerin, Coach oder Bloggerin sind. Was sie tun, ist erstmals überhaupt nicht wichtig. Das kommt dann später. Wichtig ist ihnen, WARUM sie etwas tun.

Mein Warum ist, dass ich Frauen dabei unterstützen will, ein freies und finanziell unabhängiges Leben zu führen. Ich fand es immer furchtbar von Männern (egal ob Chef oder Ehemann) abhängig zu sein. Nur eigenes Geld ermöglicht ein freies Leben nach eigenen Vorstellungen.

Und ganz viele Frauen sehnen sich danach, auf ihre eigene, weibliche Art erfolgreich, unabhängig und frei zu sein. Mir ist es ein großes Anliegen, sie dabei zu unterstützen. Deshalb gebe ich auf meinem Blog und Podcast so viel kostenloses Wissen weiter, wie ich kann. Weil ich helfen will. Darum schreibe ich dieses Buch.

Die Frage nach deinem Warum hast du ja schon in Kapitel 3 schriftlich beantwortet.

3. Definiere die Werte für deine Marke

Der nächste Schritt zum Aufbau deiner Marke führt dazu, die Werte der Marke zu definieren. Beim Personal Branding sind die Werte der Marke die gleichen wie deine Werte, denn du bist ja die Marke. Daher nimm dir die Ergebnisse von deiner Wertedefinition aus Kapitel 3 zur Hand. Wir brauchen sie jetzt, um im nächsten Schritt deine Botschaft zu definieren.

4. Formuliere deine Botschaft

Im nächsten Schritt formulierst du aus deinen Werten eine Botschaft, für die deine Marke steht.

Die Werte, für die ich mit meiner Marke *marastix.com* stehe, sind z.B. Liebe, Geld, Authentizität, Partnerschaft, Freiheit und ich habe daraus den Satz formuliert: »Sei mit deiner Berufung online erfolgreich und lebe unwiderstehlich!«

Denn ich unterstütze Menschen dabei aus dem, was sie gerne tun und was ihnen Freude macht, ein profitables Geschäftsmodell zu entwickeln. Dieser Satz findet sich auch auf einigen meiner Produkte wieder.

5. Entwickle eine Webseite, die deine Marke richtig repräsentiert

Wenn du deine Werte und deine Botschaft definiert hast, brauchst du im nächsten Schritt eine Webseite, die deine Marke im Internet präsentiert.

Ganz besonders wichtig ist, dass du eine Webseite hast, die für Online-Marketing optimiert ist. Die wenigsten Unternehmerinnen haben heutzutage eine Webseite, mit der sie wirklich Kunden gewinnen. Stattdessen haben sie keine oder nur eine statische Internetseite, die bestenfalls als »Visitenkarte« im Internet dient.

Dabei bieten moderne Internetseiten, wir nennen sie »Webseiten 2.0«, so viele Möglichkeiten, um mit deinen Besucherinnen direkt zu interagieren und sofort Kundinnen zu gewinnen.

Bei den kostenlosen Ressourcen, die du dir auf **unwiderstehlich-leben.marastix.com** herunterladen kannst, gibt es auch ein gratis Videotraining von meinem Geschäftspartner Norbert Hofer, in dem er dir die wichtigsten 7 Tipps für eine Webseite, die auch wirklich verkauft und mit der du Kunden gewinnst, erzählt.

Norbert und ich haben auch einen Online-Kurs entwickelt (unseren »Online-Marketing Webseite« Kurs), der dich Schritt für Schritt dabei unterstützt, eine Webseite selbst zu erstellen, die für Online-Marketing optimiert ist.

Anstatt tausende Euros für einen Webdesigner auszugeben, der oftmals selbst sehr wenig Ahnung von Online-Marketing hat, lernst du hier deine Webseite selbst zu erstellen.

Dadurch hast du 100% Freiheit, weil du alle Änderungen an deiner Webseite selbst vornehmen kannst und von niemandem abhängig bist. Alle Informationen zu unseren weiterführenden Kursen findest du am Ende dieses Buchs.

Mit deiner für Online-Marketing optimierten Webseite baust du mit den Besucherinnen deiner Seite Vertrauen auf und bleibst langfristig mit ihnen in Kontakt. So gewinnst du mehr Kundinnen und machst mehr Umsatz.

Nachdem deine Webseite dich und deine Personal Brand repräsentiert, bist du natürlich auch der Star auf ihr. Das heißt, es gibt Fotos von dir auf der Webseite und sie gibt deinen Besucherinnen die Möglichkeit, dich wirklich kennenzulernen.

Dazu gehört auch ein guter »Über mich«-Text auf deiner Webseite, in dem du einerseits deine Geschichte erzählst und andererseits deinen Kundinnen erklärst, warum es Sinn macht mit dir zu arbeiten und was sie mit dir erreichen können.

Als kleine Inspiration findest du hier meinen »Über mich«-Text: ***www.marastix.com/ueber/***

Hilfe dabei, deine eigene »Über mich« Seite zu erstellen, bekommst du ebenfalls in unserem Online-Marketing Webseite Kurs.

6. Entwickle einen Social Media Auftritt, der deine Marke unterstützt

Der letzte Schritt auf dem Weg zu deiner Personal Brand ist dann noch den passenden Auftritt auf Social Media zu kreieren.

Dabei stellst du dir folgende Fragen:

Auf welche Social Media Netzwerke will ich mich fokussieren?

Meine Empfehlung hier ist ein Hauptnetzwerk auszuwählen (in meinem Fall ist das Facebook) und noch ein zweites, das du ebenfalls aufbaust (bei mir ist das Twitter) und die anderen Netzwerke »opportunistisch« mit Informationen zu füttern.

Darunter verstehe ich, dass du dort zwar Beiträge postest, aber darauf nicht viel Zeit verwendest, das Ganze z.B. automatisiert über Software machst.

Die Auswahl deines Hauptnetzwerks würde ich von deiner Zielgruppe abhängig machen. Sind deine Zielkundinnen Privatpersonen oder Small Businesses, dann macht Facebook definitiv Sinn. Bei größeren Firmenkunden kann Xing oder LinkedIn noch besser passen. Wobei mein Eindruck ist, dass Facebook selbst im B2B (Business to Business) Marketing immer wichtiger wird. Und du kannst auf Facebook schon mit kleinem Budget ganz hervorragend Werbung schalten.

Dabei solltest du auch keine Angst haben, den Menschen einen Einblick in dein Privatleben zu ermöglichen.

Meine Erfahrung ist, dass andere Menschen es lieben, etwas über dich privat und persönlich zu erfahren. Menschen kaufen von Menschen und nicht von Webseiten.

Je persönlicher deine Botschaft ist, desto schneller und leichter wirst du passende Kundinnen anziehen.

Natürlich gilt auch hier: Alle Botschaften, die du über Social Media (und deine Webseite) kommunizierst, müssen konsistent zu den Werten deiner Marke sein und zu dir passen. Denn nur dann sind sie authentisch und bauen Vertrauen mit deinen Zielkundinnen auf.

Meine Empfehlung ist auf Social Media einen guten Mix aus folgenden Informationen zu posten:

- Wertvoller Content, der deine Zielgruppe beim Lösen ihrer größten Probleme unterstützt (ca. 60%)
- Privates und Persönliches von dir (ca. 20%)
- Wertvoller Content von anderen Personen oder Business, der für deine Zielkundinnen Wert stiftet (ca. 20%)

Sehr hilfreich dabei ist es natürlich einen Redaktionsplan zu haben, wie du im Kapitel 7 über Bloggen erfahren hast. Hier kannst du ihn dir herunterladen, falls das noch nicht passiert ist:

unwiderstehlich-leben.marastix.com

11. Wie du dir eine Expertinnen-Positionierung in deiner Nische aufbaust

Warum du dir eine Expertinnen-Positionierung aufbauen willst

Der wesentliche Unterschied zwischen einem Online- und einem Offline-Verkaufsprozess ist, dass dich deine potenziellen Kundinnen im Online-Bereich zumeist nicht persönlich kennen.

Während im Offline-Bereich deine Kundinnen zumeist über persönliche Empfehlung oder gezielte telefonische oder persönliche Akquise zu dir kommen, ist es im Online-Bereich so, dass sie DICH finden.

Daher ist es im Online-Bereich sehr wichtig, dass du mit deinen Kundinnen Vertrauen aufbaust, wie schon im Kapitel 10 über Personal Branding besprochen.

Das meiste Vertrauen wird sogenannten »Expertinnen« in einem bestimmten Bereich (im Online-Marketing »Nische« genannt) entgegengebracht.

Meine Nische ist Frauen dabei zu unterstützen mit ihrer Berufung online erfolgreich zu sein. Deine Nische ist deine konkrete (möglichst spitze) Positionierung.

Zur Expertin wirst du natürlich nicht, wenn du dich selbst als Expertin bezeichnest, sondern wenn du von den anderen Meinungsführerinnen in deinem Bereich so gesehen wirst.

Das erreichst du vor allem dadurch, dass du beginnst Menschen mit deiner Expertise (auch kostenlos) zu helfen. Damit wirst du mit der Zeit immer mehr als Expertin wahrgenommen und auch von anderen Menschen weiterempfohlen.

Der große Vorteil in der Online-Welt ist, dass der Aufbau einer Expertinnenpositionierung in einem bestimmten Bereich in deutlich kürzerer Zeit möglich ist als das früher offline der Fall war.

Der Aufbau einer Expertinnenpositionierung ist trotzdem zeit- und arbeitsintensiv. Daher nenne ich dir zuerst die 3 wichtigsten

Gründe, warum diese Investition von Zeit und Geld überhaupt sinnvoll ist.

1. Expertinnen kommen leichter in Kontakt mit (potenziellen) Kundinnen

Wenn du Expertin für ein bestimmtes Gebiet bist, bekommst du häufig Kommentare und Anfragen von (potenziellen) Neukunden. Dadurch weißt du mehr über die Wünsche, Ziele und Probleme deiner Zielgruppe. Somit ist es einfacher für dich passende Produkte zu entwickeln, die deine Zielkundinnen wirklich weiterbringen.

Außerdem kannst du durch den intensiveren Kontakt mit den Menschen, die dir folgen, leichter Vertrauen aufbauen und somit in weiterer Folge auch Neukundinnen gewinnen.

2. Durch die Expertinnenpositionierung ist es möglich, höhere Preise bezahlt zu bekommen

Als Expertin in einem bestimmten Bereich hast du mehr Anfragen von Kundinnen, die mit dir arbeiten wollen. Somit ist es auch leichter möglich, höhere Preise zu verlangen als andere in deinem Bereich.

Eine selbstbewusste Preisgestaltung in deinem Business signalisiert auch nach außen, dass du ein ernsthaftes Business betreibst und ausreichend Nachfrage nach deinen Produkten besteht, sodass du es dir »leisten« kannst teurer zu sein. So ziehst du wiederum weitere Kundinnen an.

3. Expertinnen bekommen kostenlose PR, z.B. in Form von Interviewanfragen

Viel effektiver als Werbung für deine Produkte und Dienstleistungen zu machen ist es, gezielte PR zu betreiben. Wenn du Expertin für einen bestimmten Bereich bist, dann wirst du auch öfter für Interviews angefragt bzw. um deine Expertinnenmeinung zu einem bestimmten Thema gebeten. Dies bedeutet für dich eine (kostenlose) Erhöhung deiner Bekanntheit.

Mit diesen drei Argumenten habe ich dich jetzt wohl überzeugt, dass eine Expertinnenpositionierung sinnvoll und hilfreich ist.

Der große Fehler, der verhindern kann, dass du mit dem Aufbau deiner Positionierung erfolgreich bist

Es gibt allerdings einen Fehler, den die meisten Menschen machen, wenn sie versuchen sich so eine Positionierung aufzubauen: Sie versuchen sich zu breit zu positionieren. Zu breit bedeutet in diesem Zusammenhang zu viel zu wollen und zu viele verschiedene Zielgruppen anzusprechen. Wenn du z.B. Coaching, Massage und Pediküre anbietest, bist du definitiv viel zu breit aufgestellt. Du hast dann einen »Bauchladen« statt einer scharfen Positionierung.

Es ist online viel schwieriger jemandem zu kommunizieren, was du genau machst, als wenn du persönlich mit der Person sprechen kannst. Und für jemanden, der dich nicht kennt, wirkt es nicht so glaubhaft, wenn du z.B. sagst, du bist Expertin für Karriere-Coaching, Abnehmen und wie man den richtigen Mann findet.

Deshalb solltest du dich, wenn du noch ganz am Anfang stehst, auf ein konkretes Problem konzentrieren, das deine idealen Zielkundinnen haben. Bei mir ist das z.B. aus der Zeit-gegen-Geld-Falle aussteigen und ein skalierbares Online-Business aufzubauen.

Jetzt stellst du dir wahrscheinlich schon die Frage, wie du dir so eine Positionierung aufbauen kannst. Im Kapitel 8 zum Thema Bloggen habe ich dir schon einige sehr wichtige Tipps gegeben, wie du das schaffen kannst.

Hier teile ich noch 8 weitere Strategien mit dir, mit denen du dich als Expertin in deinem Bereich positionieren kannst.

1. Betreibe einen eigenen Podcast

Ein Podcast ist eine ganz tolle Erweiterung und Ergänzung zu deinem Blog. Denn hier können dich deine Fans nicht nur »lesen«, sondern auch »hören«. Menschen sind unterschiedlich, manche merken sich Inhalte besser, wenn sie sie sehen und andere, wenn sie sie hören. Mit einem Podcast erreichst du Menschen sehr gut, die gerne Inhalte HÖREN.

Mit einem Podcast hast du die Möglichkeit bis zu einer Stunde ganz nah (am Ohr) eines Menschen zu sein, der sich für dich und deine Inhalte interessiert. Das ist eine wunderbare Möglichkeit, um Vertrauen aufzubauen. Hier findest du den Link zu meinem Podcast: *https://itunes.apple.com/de/podcast/unwiderstehlich-leben-wie/id888646338?mt=2*

2. Beitreibe einen Youtube-Kanal

Video ist schon etwas für Fortgeschrittene, aber lasse dich davon nicht entmutigen! So wie viele Menschen Inhalte gerne hören, sehen sich auch viele Menschen gerne Filme an. Und das ist ein Trend, der in Zukunft sicher noch zunehmen wird!

Ich kann mich noch gut erinnern, als ich im Mai 2014 meine ersten Videos aufgenommen habe. Das war echt eine Herausforderung! Ich kannte mich Null mit der Technik aus und hatte große Angst mich zu zeigen.

Inzwischen ist das Videodrehen für mich völlig normal geworden und es macht mir große Freude, die Inhalte für meinen Youtube-Kanal zu produzieren.

Wenn du nicht gerne vor der Kamera sichtbar bist, gibt es natürlich auch die Möglichkeit, dass du einfach Folien im Video zeigst, zu denen du sprichst. Wenn du wissen möchtest, wie das funktioniert, dann melde dich einfach auf meiner Webseite für meine E-Mail-Liste an. Ich veranstalte regelmäßig Webinare, in denen ich das zeige.

3. Lass dir von deinen Kundinnen/Leserinnen Testimonials geben

Potenzielle Kundinnen können sich ein gutes Bild von dir machen, wenn sie die Möglichkeit haben, Testimonials von anderen Kundinnen/Leserinnen von dir zu sehen. Daher vergiss nicht, deine Kundinnen und Leser um Testimonials zu bitten, diese zu sammeln und auch deinen (potenziellen) Neukunden zur Verfügung zu stellen.

Ich mache es z.B. so, dass ich alle Menschen, die mir persönlich begeistertes Feedback geben, auch sofort frage, ob ich diese Aussage ganz offiziell mit ihrem Namen und Bild auf meiner Webseite verwenden darf.

4. Betreibe eine eigene Facebook-Gruppe

Eine wunderbare Möglichkeit, um mit deiner Zielgruppe in Kontakt zu kommen, ist eine Facebook-Gruppe mit Themen zu betreiben, die für deine Zielkundinnen interessant sind.

Ich z.B. leite eine Gruppe auf Facebook, in der sich die Gruppenmitglieder gegenseitig dabei unterstützen, mehr Selbstbewusstsein und Selbstliebe zu entwickeln.

Für mich ist das eine super Möglichkeit mit meinen Zielkundinnen in Kontakt zu kommen und noch mehr über ihre Wünsche, Probleme und Ziele zu lernen. Außerdem erhöht die Gruppe natürlich auch meine Reichweite und gibt mir die Möglichkeit viele Menschen zu erreichen.

5. Nimm an Expertinnen-Befragungen teil

Ich wurde bereits sehr oft gebeten, meine Meinung zu einem bestimmten Thema abzugeben. Dabei ging es um solche Themen wie Online-Marketing oder kostenlose Inhalte/Freebies für deine Kundinnen erstellen.

Wie schon gesagt hilft dir die Positionierung als Expertin dabei, viel häufiger für solche Befragungen angefragt zu werden.

6. Veröffentliche ein Buch/Bücher

Der Königinnenweg zur Expertinnenpositionierung ist natürlich immer noch die Veröffentlichung eines eigenen Buchs. Und wenn du diese Zeile liest, dann habe ich mein großes Ziel geschafft und mein erstes Buch veröffentlicht. Ich freue mich schon sehr auf die weiteren, die noch folgen.

7. Führe selbst Expertinnen-Interviews

Ich habe in den letzten Monaten, seit es meinen Blog gibt, eine Reihe von Interviews mit tollen Expertinnen geführt. Dabei habe ich nicht nur ganz viel gelernt, sondern auch ganz viel Spaß gehabt. Das Schöne ist: Wenn du Expertinnen interviewst, dann »färbt« ihr Expertinnenstatus mit der Zeit auch auf dich ab.

Und habe keine Angst Expertinnen für Interviews anzufragen. Die meisten Menschen werden sehr gerne interviewt und freuen sich über die Anfrage. Trau dich einfach!

8. Veranstalte Webinare

Nichts ist so toll, um wirklich in Kontakt mit deiner Zielgruppe zu kommen wie ein Live-Webinar. Ich weiß noch, wie nervös ich vor meinem 1. Webinar war. Und inzwischen habe ich schon viele Webinare veranstaltet. Das macht wirklich ganz viel Spaß!

Ein Webinar ist ein Online-Seminar, das über eine Webinar-Plattform (wie z.B. Google Hangouts) veranstaltet wird. Statt deinen Vortrag offline vor Menschen zu halten, tust du das Gleiche online. Deine Teilnehmerinnen loggen sich über einen Link ein und verfolgen deine Präsentation online.

Du kannst dich entweder mit der Webcam deines Computers selbst filmen oder du gibst den Bildschirm von deinem Computer frei und zeigst eine Präsentation. Natürlich kannst du diese beiden Methoden auch kombinieren.

Außerdem ist ein Webinar eine super Möglichkeit, um Kundinnen zu gewinnen und Produkte oder Dienstleistungen zu verkaufen. Ich habe schon Beratungen, Seminare und E-Kurse über Webinare verkauft. Wirklich toll!

12. Wie du dein Wissen in ein digitales Produkt verpackst

Im folgenden Kapitel erzähle ich dir, wie du in 5 Schritten aus deinem Wissen und deiner Expertise ein digitales Produkt bzw. einen Online-Kurs entwickelst.

Schritt 1: Auswahl des Themas

Die 1. Frage, die sich stellt, wenn du deinen ersten Online-Kurs entwickeln möchtest, ist die Frage, was das richtige Thema für den Kurs ist. Meine Empfehlung hier ist, dass du das Thema nach folgenden 2 Fragen auswählst:

- Wer ist deine Zielgruppe?
- Was sind die drei größten Probleme deiner Zielgruppe?

Bei meinem ersten Online-Kurs waren meine Zielgruppe Menschen, die sich online besser vermarkten wollten. Aus meinen Beratungen und Webinaren kannte ich auch die größten Probleme die diese Zielgruppe hat:

1. Meine Zielkundinnen wollen eine eigene E-Mail-Liste mit Interessentinnen aufbauen, aber es fehlt ihnen die richtige Strategie, um das zu tun.

2. Weil sie nicht sicher sind, was sie tun sollen, haben sie Schwierigkeiten dabei durchzuhalten und die Liste auch wirklich aufzubauen.

3. Die technische Umsetzung ist ein großes Problem und sorgt für viel Frust.

Genau diese Schritte solltest du dann auch für deinen Online-Kurs überlegen. Wenn du dir nicht sicher bist, was die drei größten Probleme deiner Zielkundinnen sind, dann sprich einfach mit ihnen. Führe mindestens 5 Gespräche mit potenziellen Kundinnen und frage sie, was ihre größten Probleme sind. Schreibe dabei alles mit, was sie sagen!

Der Prozess funktioniert dabei ähnlich wie bei der Erstellung von deinem Freebie, geht aber noch mehr in die Tiefe. In meinem Online-Kurs »Mein digitales Produkt« erkläre ich das alles im Detail. Hier findest du alle Informationen darüber: ***www.marastix.com/mdp***

Wenn du die Gespräche geführt hast, machst du eine Auswertung und findest Gemeinsamkeiten und Problemen, die häufig genannt wurden.

Schritt 2: Herunterbrechen des Problems

Durch die Gespräche identifizierst du einerseits die Hauptprobleme und brichst sie in Unterprobleme herunter, indem du weiter nachfragst und sagst: Wie genau ist das für dich ein Problem? Wobei genau hast du da Probleme?

Als ich das gemacht habe, habe ich z.B. folgende Unterprobleme identifiziert:

- Ich weiß nicht, wie ich vorgehen soll.

  Ich fühle mich überfordert, weil ich nicht genau weiß, wie ich es angehen soll.

  Ich habe schon vieles probiert, aber meine Liste will einfach nicht wachsen.

- Ich habe Schwierigkeiten beim Aufbau der Liste durchzuhalten

  Ich verstehe nicht, warum der Aufbau der E-Mail-Liste so wichtig ist.

  Ich habe eine E-Mail-Liste, aber niemand trägt sich ein. Das ist demotivierend.

  Ich bin demotiviert, weil mir der Austausch mit Gleichgesinnten fehlt.

- Ich schaffe den Umgang mit der Technik nicht

  Welche Tools brauche ich?

  Welche Anbieter soll ich auswählen?

  Wie setze ich alles Schritt für Schritt um?

Schritt 3: Beschreibe den Lösungsweg in Form von Modulen

Wenn du die wichtigsten Probleme und Unterprobleme identifiziert hast, dann solltest du im nächsten Schritt das Ziel definieren, das die Menschen, die deinen Kurs besuchen, erreichen sollen.

Bei meinem E-Mail Kickstarter Kurs war das Ziel z.B. eine erste E-Mail-Liste mit 500 Interessentinnen aufzubauen.

Dann geht es darum, den Lösungsweg in mehreren Schritten zu beschreiben. Diese Schritte werden zu den Modulen bzw. Teilen deines späteren Online-Kurses. Am besten ist es, wenn du dabei in einem Prozess denkst. Mir selbst fällt das sehr leicht, weil ich früher als Unternehmensberaterin verschiedenste Prozesse entworfen habe.

Du nimmst dir ein Blatt Papier und schreibst zuerst auf der einen Seite den Ist-Zustand auf (z.B. derzeit keine E-Mail-Liste) und dann auf der anderen Seite des Blattes den Zielzustand (E-Mail-Liste mit 500 Interessentinnen) und dann schreibst du dazwischen alle Schritte auf, die deine Kundinnen brauchen, um diesen Zielzustand zu erreichen.

Bei unserem Kurs waren das z.B. folgende Schritte:

- Definieren der richtigen Zielgruppe: Wer soll genau angesprochen werden?
- Entwicklung von einem Anreiz, um diese Menschen einzuladen, sich in den Newsletter einzutragen
- Technische Umsetzung der Landing Page und des Newsletter-Systems, um die E-Mail-Adresse einzusammeln
- Besucherinnen für die Landing Page finden
- Über Blog
- Über Facebook
- Über Webinar

Diese verschiedenen Schritte wurden dann die sechs Module von unserem Kurs.

Schritt 4: Auswahl des richtigen Kurs-Designs

Der nächste Schritt ist dann das richtige Design für deinen Kurs auszuwählen. Im Folgenden stelle ich dir 3 verschiedene Möglichkeiten vor, wie du so einen Kurs umsetzen kannst. Diese 3 Ideen erheben natürlich keinen Anspruch auf Vollständigkeit, es sind einfach 3 verschiedene Möglichkeiten, die ich selbst schon ausprobiert habe.

Die Live Webinar-Reihe

Die erste Möglichkeit, um deinen Online-Kurs ins Leben zu rufen, ist eine Live Webinar-Reihe zu starten. Dabei veranstaltest du z.B. 3-6 Webinare und behandelst in jedem der Webinare eines der Themen, die du in Schritt 3 identifiziert hast. Du begleitest somit deine Zuseherinnen auf ihrer Reise zur Lösung ihres Problems.

Zur Veranstaltung von Webinaren gibt es eine Reihe von verschiedenen Tools. Ich selbst benutze Webinarjam, das auf Google Hangouts basiert. Ich bin damit recht zufrieden, aber es gibt noch jede Menge andere Tools. Du kannst z.B. kostenlose Webinare über Google Hangouts veranstalten oder auch die Plattform edudip verwenden. Sie alle haben verschiedene Vor- und Nachteile. Da ist es wirklich am besten, wenn du das selbst testest.

In meinem E-Mail Kickstarter Kurs zeigt dir mein Geschäftspartner Norbert Hofer, wie du Schritt für Schritt ein Webinar aufsetzt und technisch abwickelst.

Was sind die Vorteile einer Live Webinar-Reihe?

- Der technische Aufwand ist relativ gering: Du musst nur das Webinar veranstalten und nachher die Aufzeichnung ausschicken.

- Du kannst live mit deinen Teilnehmerinnen interagieren und Fragen im Chat beantworten.

- Durch die Fragen im Webinar lernst du deine Zielgruppe noch besser kennen.

Was sind die Nachteile einer Live Webinar-Reihe?

- Ein Live Webinar zu halten ist für viele Menschen, die sich noch nicht so gerne zeigen, eine Herausforderung.
- Trotz sehr guter Vorbereitung kann es zu technischen Problemen während des Webinars kommen und das ist dann eher unangenehm. (Ich spreche aus eigener Erfahrung ;-))
- Da das Webinar zu einer bestimmten Zeit stattfindet, können meistens nicht alle deiner Teilnehmer live dabei sein. Das kannst du allerdings wieder abfangen, in dem du nachher die Aufzeichnung verteilst.

Der E-Mail-Kurs

Die nächste Möglichkeit ist einen E-Mail-Kurs zu erstellen. Hier verschickst du (zumeist mit einem Autoresponder, also einer automatisierten E-Mail-Serie) eine bestimmte Anzahl von E-Mails, in denen du deine Leserinnen dabei unterstützst ihr Ziel zu erreichen. In diese E-Mails kannst du auch Links zu Blog-Artikeln, Videos, Audios oder PDFs einbetten.

Was sind die Vorteile eines E-Mail-Kurses?

- Der technische Aufwand ist relativ gering: Du musst nur den Content erstellen und den Autoresponder einrichten.
- Du musst dich nicht direkt live zeigen.
- Du kannst alles in Ruhe vorbereiten und wenn die E-Mail-Serie einmal erstellt ist, kann sie (zumindest theoretisch) unendlich lange weiter verkauft werden.
- Die Teilnehmer können die E-Mails jederzeit lesen und sich ihre Zeit selbst einteilen.

Was sind die Nachteile eines E-Mail-Kurses?

- Es gibt keine direkte Interaktion zwischen dir und den Teilnehmerinnen. Dies kannst du ändern, wenn du z.B. eine Facebook-Gruppe einrichtest, in der sich die Teilnehmerinnen mit dir und den anderen Teilnehmerinnen austauschen können.
- Die E-Mails mit den Inhalten können relativ leicht an andere Personen, die nicht Kursteilnehmerinnen sind, weitergeleitet werden.

Der Online-Kurs mit Mitgliederbereich

Die dritte Möglichkeit ist einen »richtigen« Online-Kurs mit Mitgliederbereich zu erstellen. In diesem Fall richtest du auf deiner Webseite einen Bereich ein, der nur mit Benutzername und Passwort erreichbar ist. Dafür gibt es eigene WordPress Plugins wie z.B. Digimember. Hier kannst du dir eine kostenlose Version für bis zu 50 Mitglieder herunterladen: DOWNLOAD

Bei meinen kostenlosen Ressourcen, die du auf **unwiderstehlich-leben.marastix.com** herunterladen kannst, hat dir mein Geschäftspartner Norbert Hofer schon ein gratis Videotraining erstellt, in dem er dir zeigt, wie du selbst schnell und ganz einfach so einen Mitgliederbereich auf deiner Webseite erstellen kannst.

Mit diesen Plugins kannst du deine Inhalte nicht nur mit einem Passwort schützen, sondern auch sehr einfach in verschiedene Module aufteilen, die dann erst sequenziell (also nacheinander) freigeschaltet werden (z.B. wöchentlich). Das bedeutet, dass wenn jemand deinen Kurs neu kauft, hat er oder sie z.B. in der 1. Woche nur Zugang zu Modul 1, in der 2. Woche wird dann Modul 2 freigeschaltet usw.

Außerdem kann der Mitgliederbereich auch mit einem Bezahlanbieter verbunden werden. Ich nutze z.B. Digistore. Somit erhält nur derjenige Zugang, der auch das Produkt gekauft hat.

Was sind die Vorteile eines Online-Kurses mit Mitgliederbereich?

- Du musst dich nicht direkt live zeigen.
- Du kannst alles in Ruhe vorbereiten und wenn der Online-Kurs einmal erstellt ist, kann er (zumindest theoretisch) unendlich lange weiter verkauft werden.
- Die Teilnehmer können sich jederzeit in den Kurs einloggen und sich ihre Zeit selbst einteilen.
- Deine Inhalte sind durch ein Passwort geschützt.

Was sind die Nachteile eines Online-Kurses mit Mitgliederbereich?

- Der technische Aufwand ist relativ hoch: Du musst einen Mitgliederbereich auf deiner Webseite einrichten.

- Es gibt keine direkte Interaktion zwischen dir und den Teilnehmerinnen. Dies kannst du ändern, wenn du z.B. eine Facebook-Gruppe einrichtest, in der sich die Teilnehmerinnen mit dir und den anderen Teilnehmerinnen austauschen können.

Sobald du dich hier für das dir passende Kurs-Design entschieden hast, beginnst du deine Inhalte zu produzieren.

Schritt 5: Produktion der Inhalte für deinen Online-Kurs

In welcher Form du deine Inhalte produzierst, hängt sehr stark von deinem Thema und deinen persönlichen Präferenzen ab. Ganz allgemein gesagt gibt es 3 verschiedene Möglichkeiten, wie du deine Inhalte darstellen kannst – zusätzlich zu den Texten, die du in deine E-Mails bzw. auf deine Mitgliederseite schreibst.

1. Video (Live oder Präsentation)

Die erste Möglichkeit ist ein Video zu produzieren. Wenn du dich für eine Webinar-Reihe entscheidest, dann entsteht durch die Aufnahme des Live-Webinars automatisch ein Video.

Bei den Videos gibt es grundsätzlich zwei Möglichkeiten:

1. Du kannst ein Live-Video erstellen, bei dem du vor der Kamera sprichst.

2. Oder du kannst eine Präsentation erstellen, deinen Bildschirm abfilmen und mit einem Mikro dazu sprechen.

Ich persönlich erstelle meine Live-Videos mit meiner Canon-Kamera oder meinem iPhone. Um meinen Bildschirm abzufilmen, erstelle ich eine Präsentation in PowerPoint und nutze dann die Software Screenflow. Für eine gute Tonqualität sorgt mein Samson Mikrofon.

Als Hosting-Service für meine Videos (also ihr »Zuhause« im Internet) nutze ich Vimeo. Eine kostenfreie Alternative ist Youtube, das allerdings nicht so gut aussieht und mit dem deine Videos nicht so sicher vor Dritten geschützt sind wie bei Vimeo.

2. Audio

Die zweite Möglichkeit ist Audios mit deinen Inhalten zu erstellen. Das bietet sich natürlich vor allem für Meditationen etc. an, bei denen deine Kundinnen dann nur zuhören. Ich erstelle meine Audios mit dem Programm Garageband. Für Windows-Userinnen gibt es das Programm Audacity.

Als Hosting-Service für meine Audios nutze ich Libsyn. Dort lade ich meine Dateien hoch und Libsyn generiert einen Link, den ich auf meiner Webseite einbetten kann.

3. Text

Die dritte Möglichkeit, um Inhalte zu vermitteln, ist über Text. Zusätzlich zum Text auf deiner Webseite kannst du auch PDFs erstellen und sie auf deine Webseite zum Download anbieten. Sie eignen sich vor allem für Checklisten, die sich deine Kursteilnehmerinnen herunterladen bzw. Arbeitsblätter, mit denen sie im Selbststudium verschiedene Themen bearbeiten. Außerdem verwende ich PDFs auch für Linklisten und andere Hintergrundinformationen.

Der Vorteil der PDFs besteht darin, dass sie heruntergeladen und einfacher ausgedruckt werden können als normale Webseiten-Texte. Ich erstelle meine PDFs in dem Programm Pages, aber du kannst für den Anfang auch z.B. Word oder OpenOffice verwenden.

13. Wie du in 5 Schritten deinen automatisierten Verkaufsprozess aufbaust

Sehr viele meiner Klientinnen wollen gerne laufend neue Kundinnen gewinnen, aber keine Kaltakquise betreiben. Das ist ein Wunsch, den ich sehr gut nachvollziehen kann, denn mir geht es genau so.

Das war im Endeffekt auch der Grund, warum ich anfing mich mit Online-Marketing und besonders mit Content-Marketing zu beschäftigen. Die Idee, dass ich mit meinen potenziellen Kundinnen erst Vertrauen aufbaue und ihnen erkläre, wie ich ihnen helfen kann, sodass sie sich dann bei mir melden, die fand ich einfach toll.

In diesem Kapitel erzähle ich dir, wie du in fünf einfachen Schritten einen Verkaufsprozess für dein Unternehmen aufsetzt, den du sogar teilweise automatisieren kannst und der dir laufend neue Kundinnen bringt.

Schritt 1: Ziele für deinen Verkaufsprozess definieren

Damit es einfacher und nachvollziehbarer wird, erkläre ich dir den Aufbau eines Verkaufsprozesses anhand des Beispiels von Maria, einer Klientin, der ich helfe.

Maria ist Coach für Unternehmer-Ehepaare, die ihre Beziehung verbessern wollen. Sie verkauft ihre Coaching-Pakete um je 1.500 Euro und möchte gerne 5 solche Pakte im Monat verkaufen, da ihr Umsatzziel 7.500 Euro pro Monat sind.

Sie ist inzwischen eine erfahrene Verkäuferin und weiß, dass 50% der potenziellen Kundinnen, mit denen sie ein Erstgespräch führt, sich auch tatsächlich für ihr Coaching-Paket entscheiden. Das bedeutet, sie möchte gerne 12 Erstgespräche pro Monat führen (mit einem kleinem Puffer).

Wir rechnen (sehr konservativ) damit, dass sich 5% ihrer neuen E-Mail-Abonnentinnen für ein Erstgespräch entscheiden. Das bedeutet, sie braucht 240 neue E-Mail-Abonnentinnen pro Monat.

Das ist also das Ziel für ihren Verkaufsprozess.

Schritt 2: Kontakte über Facebook generieren

Als Besucherinnenquelle (»Traffic«) für ihre E-Mail-Liste nutzen wir Facebook aus diesen guten Gründen:

Ihre Klientinnen sind Endkundinnen und gut über Facebook erreichbar.

Die Kontakte können auf Facebook entweder kostenlos oder mittels Facebook-Anzeigen generiert werden, die im Vergleich zu anderer Werbung sehr günstig sind.

Kostenlos

Kostenlos kann Maria Kontakte auf Facebook generieren, indem sie in passenden Facebook-Gruppen gezielt Kontakte als Freundinnen hinzufügt, die in ihren idealen Kundinnenavatar passen und sie einlädt mit ihr befreundet zu sein und ihre Fanpage zu liken.

Oder über Facebook-Werbung

Die andere Möglichkeit, die im Fall von Maria mehr Sinn macht, weil sie ja schon ein etabliertes Business hat, ist Facebook-Werbung zu schalten.

Facebook gibt Unternehmen die Möglichkeit ihre potenziellen Kundinnen sehr gut zu segmentieren, also die richtigen Personen auszuwählen, die Maria in ihrem idealen Kundinnenavatar definiert hat.

Sie erstellt also eine Zielgruppe auf Facebook, die zu ihrem idealen Kundinnenavatar passt und startet zunächst mit einem Budget von 4 Euro pro Tag. Sobald sie merkt, dass ihr Verkaufsprozess gut läuft, kann sie die Werbeinvestition dann Schritt für Schritt erhöhen.

Schritt 3: Aus Kontakten Newsletter-Abonnentinnen gewinnen

Die über Facebook gewonnen Kontakte schickt sie dann auf eine Landing Page, auf der sich die Kontakte mit ihrer E-Mail-Adresse für ihr Freebie eintragen können. Wie du ein Freebie erstellst und welche Möglichkeiten es gibt, haben wir schon im Kapitel 9 besprochen.

Wenn wir davon ausgehen, dass sie 1 Euro pro Besucherin auf ihrer Webseite bezahlt und die Conversion Rate 20% beträgt, sich also 20% der Besucherinnen auch wirklich in ihre E-Mail-Liste eintragen, dann bezahlt sie 5 Euro pro E-Mail-Abonnentin.

Wenn sie 240 neue E-Mail-Abonnentinnen pro Monat haben möchte, bezahlt sie 1.200 Euro für Werbung. Sie muss also nur ein einziges Coaching-Paket im Monat verkaufen, um ihre Werbekosten wieder zurück zu verdienen.

Schritt 4: Vertrauen mit den Abonnentinnen aufbauen

Wichtig ist jetzt, dass sie nicht versucht den Newsletter-Abonnentinnen sofort etwas zu verkaufen, sondern, wie im Kapitel 12 erklärt, zuerst Vertrauen mit ihnen aufbaut.

Und das funktioniert ebenfalls automatisiert und zwar über einen sogenannten Autoresponder. Eine automatisierte E-Mail-Serie, die du schon von der Erstellung deines Online-Kurses kennst, bei der die neuen Newsletter-Abonnentinnen z.B. alle 3 Tage automatisch ein neues E-Mail bekommen.

Maria entscheidet sich für einen Autoresponder mit 4 E-Mails, die jeweils alle 3 Tage verschickt werden.

Beispiel für eine Autoresponder-Sequenz

So eine Autoresponder-Sequenz kann z.B. so aussehen:

1. E-Mail: Video mit Maria, in dem sie sich vorstellt und ihre Geschichte erzählt. Dabei ist ganz wichtig, dass diese Geschichte direkt zu den Wünschen, Sorgen und Problemen von ihrem idealen Kundinnenavatar passt.

2. E-Mail: In diesem E-Mail stiftet Maria ganz viel Wert für die E-Mail-Abonnentinnen, indem sie z.B. die 10 besten Tipps erzählt, um das größte Problem der Zielkundinnen zu lösen.

3. E-Mail: In diesem E-Mail erzählt Maria einige Fallgeschichten von früheren Klientinnen und wie gut sie diesen helfen konnte, ihre Probleme zu lösen. Außerdem zeigt sie einige Testimonials und baut somit Vertrauen auf.

4. E-Mail: Im 4. E-Mail lädt Maria die Interessentinnen, mit denen sie inzwischen Vertrauen aufgebaut hat, ein sich zu einem persönlichen Kennenlerngespräch mit ihr anzumelden.

Schritt 5: Aus den Abonnentinnen Kundinnen gewinnen

Die drei typischen Wege, um aus einer Abonnentin eine Kundin zu gewinnen, ist entweder mittels E-Mail-Marketing, Webinar oder im persönlichen Gespräch. Da die Coaching-Pakete von Maria eher hochpreisig sind, empfiehlt sich hier ein persönliches Kennenlerngespräch.

Über ein Einzelgespräch

Es gibt hierfür eine Reihe von Tools, die das automatisiert abbilden können. Ich z.B. verwende Youcanbook.me (www.youcanbook.me). Dieses Programm ist direkt mit meinem Google Kalender verbunden und die Interessentinnen können sich einen der Termine aussuchen, die ich vorher freigegeben habe.

Das bedeutet, im letzten E-Mail aus der Serie bekommen die Interessentinnen die Einladung zum persönlichen Gespräch und einen Link zu meinem Youcanbook.me Account. Und genau das empfehle ich auch Maria.

Zusätzlich verschickt Youcanbook.me 1 Stunde vor dem Termin eine Erinnerung und es gibt auch die Möglichkeit die Interessentinnen vorher einen Fragebogen ausfüllen zu lassen, mit den wichtigsten Fragen, die Maria braucht, um sich auf das Erstgespräch vorzubereiten.

Ich frage hier z.B. nach dem Namen, der Telefonnummer, dem konkreten Problem, bei dem ich helfen kann und an welchen Produkten diese Kundin Interesse hat.

Über E-Mail-Marketing

Du schickst ein E-Mail an deine Liste, mit der Empfehlung ein bestimmtes Produkt zu kaufen. Das empfiehlt sich vor allem bei niedrigpreisigen Produkten (bis ca. 300 Euro).

Über ein Webinar

Hier veranstaltest du ein Webinar. Ich biete das Webinar immer kostenlos an und die Zuseherinnen und Zuseher bekommen ca. 45 Minuten gute Inhalte und Tipps von mir. In den letzten 15 Minuten erfolgt dann der Sales Pitch, in dem ich das Produkt vorstelle, das ich im Webinar verkaufe. Der Verkauf über ein Webinar ist aus meiner Sicht die beste Möglichkeit, um mit den Kundinnen in Kontakt zu kommen. Ich verkaufe ca. 90% meiner Produkte über Webinare.

Funktioniert das auch wirklich?

Vielleicht bist du jetzt überrascht und wunderst dich, dass das so einfach funktionieren soll und warum das nicht alle machen.

Dieser ganze Prozess steht und fällt wirklich mit drei Dingen:

- Mit der Qualität von deinem idealen Kundinnenavatar. Kennst du deine Zielkundinnen wirklich ganz genau und weißt auch, wo ihre Schmerzpunkte liegen, für deren Lösung sie dich auch bezahlen?
- Mit der Qualität deiner Kommunikation. Kommunizierst du auch richtig an deine Zielkundinnen, sodass sie wirklich verstehen, dass du genau ihr Problem löst und Mehrwert für sie stiftest?
- Hast du ein herausragendes Produkt entwickelt, das für deine Kundinnen echten Mehrwert stiftet, das sie lieben und gerne weiterempfehlen?

Wenn du bei diesen drei Punkten gute Arbeit gemacht hast, dann funktioniert der Prozess auch.

Generell empfehle ich dir zuerst mit wenig Geld anzufangen und sicherzustellen, dass dein Prozess auch läuft. Dabei musst du vor allem auf folgende Dinge achten:

- Ist deine Werbeanzeige bei Facebook so attraktiv gemacht, dass die Leute auch auf deine Webseite klicken?
- Hat deine Freebie Landing Page eine gute Conversion Rate, d.h. laden sich die Besucherinnen deiner Seite auch das Freebie herunter?

- Ist dein Autoresponder gut geschrieben und hat durchgehend hohe Öffnungsraten? Also öffnen die Leute nur das erste E-Mail und das zweite nicht mehr oder sind sie bis zum Schluss gefesselt vom guten Inhalt und der spannenden und unterhaltsamen Aufmachung?

Leider unterscheiden sich Conversion Rates und Öffnungsraten sehr stark, je nachdem was für ein Thema und was für eine Zielgruppe du hast. Es lassen sich also keine Pauschalaussagen darüber treffen, welche Werte hier »gut« sind.

Wichtig ist, dass du die Entwicklung dieser Zahlen beobachtest und dir ein möglichst großes Netzwerk an Menschen aufbaust, die in einem ähnlichen Bereich tätig sind wie du, damit du dich mit ihnen austauschen und deine Zahlen mit ihren vergleichen kannst.

- Melden sich die Abonnentinnen auch für dein Erstgespräch bzw. Webinar an?
- Bist du eine gute Verkäuferin, sodass du in den Erstgesprächen und Webinaren auch Kundinnen gewinnst?

Wenn du an allen diesen Stellen gute Arbeit gemacht hast, dann gratuliere ich dir sehr herzlich. Dein Verkaufsprozess läuft!

14. Zusammenfassung und nächste Schritte

Herzliche Gratulation! Du bist fertig! Du hast eine Online-Marketingstrategie für dein Business entwickelt!

Lass mich nochmal die wichtigsten Punkte der Strategieentwicklung zusammenfassen, die in diesem Buch besprochen wurden.

In Kapitel 3 dieses Buches hast du die Grundlage für dein erfolgreiches Business gelegt. Du hast dich mit deinen Werten, deinem Warum, deinen Zielen und deinem perfekten Tag auseinandergesetzt. Dabei hast du sichergestellt, dass du genau weißt, was du willst und warum du es willst. Diese Klarheit macht dich unschlagbar und sorgt dafür, dass du dich auf deinem Weg nicht ablenken lässt.

Danach hast du in Kapitel 6 deine ideale Zielkundin (bzw. Zielkunde) definiert. Du weißt also genau, welche Kundinnen du anziehen willst und welche eben nicht.

In Kapitel 7 hast du gelernt, wie du mit einem Blog im Internet sichtbar wirst und die ersten Schritte gesetzt, um dich als DIE Expertin in deinem Bereich zu positionieren.

In Kapitel 8 haben wir besprochen, warum der Wert von deinem Online-Business in deiner E-Mail-Liste mit begeisterten Interessentinnen liegt. Wenn du dir eine treue Gruppe von Fans aufgebaut hast, die dich und deine Produkte lieben, dann hast du den Grundstein für ein erfolgreiches Business gelegt.

In Kapitel 9 hast du gelernt, wie du ein kleines, kostenloses Geschenk (Freebie) nutzt, um deine E-Mail-Liste aufzubauen und sofort Vertrauen mit deinen Interessentinnen aufzubauen.

In Kapitel 10 und 11 hast du gelernt, wie du aus dir selbst eine Marke entwickelst (Personal Branding) und ich habe dir weitere, fortgeschrittene Strategien gezeigt, wie du dich selbst mit Online-Marketing noch stärker als Expertin positionierst.

Schließlich ging es in Kapitel 12 und 13 darum, wie du dein Wissen in ein digitales Produkt verpackst und dieses automatisiert über das Internet verkaufst, um endgültig aus der Zeit-gegen-Geld-Falle auszusteigen.

Damit sind wir am Ende dieses Buchs gekommen.

Natürlich ist jede Strategie nur so gut wie ihre Umsetzung. Dabei ist es weitaus besser, wenn du eine weniger umfangreiche Strategie gut umsetzt, als eine sehr umfangreiche Strategie nicht umsetzt.

Es ist daher wichtig, dass du die für dich passenden Strategien auswählst und diese auch konsequent umsetzt. Es ist z.B. besser mit einem guten Blog zu starten und erstmals keinen Podcast oder Videos zu produzieren, als alle 3 Dinge gleichzeitig zu versuchen, um dann festzustellen, dass du dich damit zeitlich übernommen hast.

Das Allerwichtigste ist aber einfach loszustarten und nicht zu lange zu überlegen. Wie Autofahren lernst du Online-Marketing am besten, indem du es tust. Nachdem die Kosten ja insbesondere am Anfang sehr überschaubar sind, kannst du es dir gönnen, einfach auszuprobieren und dann mehr von dem zu machen, was funktioniert und weniger von dem, was nicht funktioniert.

Bei all dem wünsche ich dir ganz viel Freude und Erfolg!

Auf den nächsten Seiten findest du weitere Ressourcen und Produkte, mit denen ich dich bei deinem Online-Marketing bzw. Online-Business unterstütze.

Solltest du noch Fragen, Wünsche oder Anregungen haben, freue ich mich sehr, wenn du mir an: *office@marastix.com* schreibst.

Herzliche Grüße an dich!

Deine Mara

Ressourcen-Liste

Bitte vergiss nicht, dir auf meiner Webseite **unwiderstehlich-leben.marastix.com** deine kostenlosen, weiterführenden Ressourcen herunterzuladen. Du bekommst hier Arbeitsblätter, Checklisten und weiterführende Videotrainings, die dich bei den Aufgaben in diesem Buch unterstützen. Du bekommst dort folgende gratis Ressourcen:

1. Arbeitsblatt: »Meine Werte«

2. Arbeitsblatt: »Mein Warum«

3. Arbeitsblatt: »Ziele für mein Business«

4. Arbeitsblatt: »Mein perfekter Tag«

5. Videotraining: »Die besten 10 Tipps, um mit deinem Online-Business Geld zu verdienen«

6. Arbeitsblatt: »Mein Geldbewusstsein«

7. Videotraining: »Wie du deinen Sales Funnel über Facebook aufbaust«

8. Arbeitsblatt: »Meine Wunschkundin«

9. Arbeitsblatt: »Mein Kunden-Avatar«

10. Arbeitsblatt: »Brainstorming Blog-Artikel«

11. Excel-Vorlage: »Mein Redaktionsplan«

12. Arbeitsblatt: »Das Ziel für meine E-Mail-Liste«

13. Videotraining: »Meine besten Tipps, wie du deine E-Mail-Liste aufbaust«

14. Arbeitsblatt: »Meine Webseite«

15. Videotraining: »Die besten 7 Tipps für eine Webseite, die verkauft«

16. Videotraining: »Meine besten Tipps, wie du dich als Expertin positionierst«

17. Videotraining: »Wie du selber ganz einfach einen Mitgliederbereich für dein digitales Produkt erstellst«

Meine weiterführenden Kurse

Das Buch hat dir gefallen und du möchtest gerne wissen, wie ich dich weiter beim Aufbau von deinem Online-Marketing unterstützen kann?

Gemeinsam mit meinem Geschäftspartner Norbert Hofer biete ich hierfür drei weiterführende Kurse an.

1. Der E-Mail Kickstarter Kurs

Dieser Kurs unterstützt dich Schritt für Schritt dabei, deine erste E-Mail-Liste aufzubauen. Er ist besonders geeignet, wenn du entweder noch keine Kunden oder zu wenig Kunden hast.

In diesem Kurs lernst du eine Reihe von kostenlosen Marketingstrategien, um dein Business voranzubringen.

Ich selbst habe mit den Strategien, die ich in diesem Kurs vorstelle, in einem halben Jahr eine E-Mail-Liste mit über 3.500 Abonnenten aufgebaut und über 100 Kunden gewonnen.

Hier findest du ein gratis Training, in dem die wichtigsten Inhalte aus diesem Kurs zusammen gefasst sind:

www.marastix.com/eks

2. Der Online Marketing Webseite Kurs

Die wenigsten Unternehmerinnen haben heutzutage eine Webseite, mit der sie wirklich Kundinnen gewinnen. Stattdessen haben sie keine oder nur eine statische Webseite, die bestenfalls als »Visitenkarte« im Internet dient.

Dabei bieten moderne Webseiten, wir nennen sie »Webseiten 2.0«, so viele Möglichkeiten, um mit deinen Besucherinnen direkt in Interaktion zu gehen und sofort Kundinnen zu gewinnen.

Diese Kurs unterstützt dich Schritt für Schritt dabei, eine Webseite selbst zu erstellen, die für Online-Marketing optimiert ist. Anstatt tausende Euros für einen Webdesigner auszugeben, der oftmals selbst sehr wenig Ahnung von Online-Marketing hat, lernst du hier deine Webseite selbst zu erstellen.

Dadurch hast du 100% Freiheit, weil du alle Änderungen an deiner Webseite selbst vornehmen kannst und von niemandem abhängig bist.

Mit deiner für Online-Marketing optimierten Webseite baust du mit den Besucherinnen deiner Seite Vertrauen auf und bleibst langfristig mit ihnen in Kontakt. Damit du mehr Kundinnen gewinnst und mehr Umsatz machst.

Hier findest du ein gratis Training, in dem die wichtigsten Inhalte aus diesem Kurs zusammen gefasst sind:

www.marastix.com/omw

3. Der Mein Digitales Produkt Kurs

Du bist Trainerin, Coach, Lehrerin oder verfügst über Expertinnenwissen (z.B. als Ärztin, Anwältin) etc. und möchtest gerne lernen, wie du aus deinem Wissen ein digitales Produkt erstellst und dir damit ein nebenberufliches Einkommen aufbaust?

Dann ist der Mein Digitales Produkt Kurs für dich.

Hier zeige ich dir, wie ich mein Wissen in ein digitales Produkt verpackt und damit viel mehr Freiheit gewonnen habe, weil ich nicht mehr meine gesamte Zeit mit einem Stundensatz gegen Geld tauschen muss.

Hier findest du ein gratis Training, in dem die wichtigsten Inhalte aus diesem Kurs zusammen gefasst sind:

www.marastix.com/mdp

Über Dr. Mara Stix

Mara Stix ist erfolgreich. Sie kennt die Wirtschaft von innen und außen. Nach ihrem BWL-Studium und einer Karriere als Unternehmensberaterin bloggt und podcastet Mara jetzt auf *www.marastix.com* über die Themen Berufung finden, Business aufbauen und Geld verdienen mit dem, was du liebst.

Mara Stix ist authentisch. Mara hat selbst den Sprung geschafft und ist mit ihrem Unternehmen online durchgestartet.

Mara Stix schreibt. Auf ihrem Blog findest du regelmäßig Blogartikel, die informieren und inspirieren.

Mara Stix macht Online-Kurse. Der E-Mail-Kickstarter und Mein Digitales Produkt sind zwei hilfreiche Kurse im Online-Marketing-Bereich.

Mara Stix ist spirituell. Maras spiritueller Name ist Dharma Devi. Sie lebt ihre Berufung, indem sie Frauen zu mehr Selbstbewusstsein und Selbstliebe inspiriert.

Bonus-Kapitel: Was eine Webseite 2.0 ist und warum sie jede Unternehmerin braucht - von Norbert Hofer

Wie dir vielleicht aufgefallen ist, habe ich in diesem Buch immer wieder meinen Freund und Geschäftspartner Norbert Hofer erwähnt. Mit Norbert zusammen habe ich fast alle meine digitalen Produkte erstellt. Wir sind ein Powerteam und Norbert ist mein »Retter in der Not«, was alle technischen Probleme in meinem Online-Business betrifft.

Norbert ist Experte für Online-Marketingstrategien und -tools, die dir helfen, Kundinnen zu gewinnen und mehr Umsatz zu machen. Denn, ob du es glaubst oder nicht, deine Webseite kann deine beste Verkäuferin sein, die 24 Stunden am Tag, 7 Tage die Woche für dich arbeitet und dir Umsätze und Kundinnen bringt.

Das nennen Norbert und ich eine Webseite 2.0. Ich selbst habe auf **www.marastix.com** so eine Webseite, die mir viele Kundinnen und sehr schöne Umsätze bringt.

Wie ist das bei dir?

- Hast du eine Webseite, die dir gefällt?
- Bist du mit deiner Webseite zufrieden?
- Bringt dir deine Webseite Kundinnen?
- Kannst du bei deiner Webseite alle Änderungen schnell und einfach selbst machen?
- Oder bist du laufend auf teure Webdesigner angewiesen?

Mit meiner Unterstützung hat Norbert einen Online-Kurs entwickelt, in dem du lernst, Webseiten, die für Online-Marketing optimiert sind, schnell und einfach selbst zu erstellen. Damit bist du frei und unabhängig!

Statt tausende Euros für Webdesigner zu bezahlen, die häufig nur sehr wenig Ahnung von Online-Marketing haben, erstellst du dir selbst eine Webseite, die dir neue Kundinnen und Umsätze bringt.

*In diesem folgenden Bonus-Kapitel erzählt dir Norbert Hofer, was eine Webseite 2.0 überhaupt ist und warum es so sinnvoll ist eine zu haben. In den weiterführenden Ressourcen zu diesem Buch, die du dir auf **unwiderstehlich-leben.marastix.com** herunterladen kannst, findest du noch ein viel detaillierteres Videotraining von Norbert und eine Checkliste, mit der du überprüfen kannst, ob deine Webseite schon fit für Online-Marketing ist.*

Jetzt geht es los mit Norberts Bonus Kapitel!

Warum ist eine Webseite 2.0 das Wichtigste, was du heute haben musst

Wir leben im Informationszeitalter. Jeden Tag prasseln hunderte Informationen auf uns ein. Du musst heute mit deiner Webseite aus der Masse herausstehen. Du brauchst eine Webseite, die neue Kundinnen generiert und verkauft. Das machst du mit einer Webseite 2.0.

Im Prinzip brauchst du eine Webseite, die für Marketing optimiert ist. Was heißt das jetzt genau?

Naja, früher hatte man eine Webseite, die eine sogenannte Visitenkarte war oder man hat einfach die Firmenbroschüre online gestellt. Darauf zu sehen war nur:

- Wer sind wir!
- Was machen wir!

Hier ging es um Selbstdarstellung der Selbstständigen.

Nach dem Motto wir sind die Besten usw.

Diese alte Form der Webseiten ist statisch und bietet für die Besucherinnen wenig Mehrwert. So eine Webseite generiert keine neue Kundinnen oder mehr Umsatz, weil sie den Kundinnen keine Problemlösungen bietet.

Die Besucherinnen schauen sich die Webseite kurz an, wenn sie überhaupt auf die Seite kommen, finden nichts, was für sie interessant ist und gehen dann sofort wieder.

Es ist, als würden sie in deinen Laden kommen, aber da ist kein Verkäufer. Also gehen sie wieder und sind für immer verloren.

Daher erzähle ich dir in den folgenden Absätzen, welche 4 wichtigen Eigenschaften jede Webseite 2.0 haben muss, um Kundinnen zu gewinnen und Umsätze zu machen.

1. Eine Webseite 2.0 bietet Problemlösungen für die Besucherinnen

Jede Besucherin, die auf deine Webseite kommt, fragt sich immer:
- Was habe ich davon?
- Hilft es mir bei meinem Problem?
- Sind die Tipps und Inhalte für mich interessant?

Daher platziere auf deiner Startseite immer ein eindeutiges Nutzerinnenversprechen. Je spezifischer, umso besser! Mara schreibt z.B. auf ihrer Webseite *www.marastix.com* folgendes Nutzerversprechen: »Mit der Berufung online erfolgreich sein und unwiderstehlich leben«. So wissen die Besucherinnen sofort, was sie davon haben, auf Maras Seite zu sein.

Du musst deinen Besucherinnen auch laufend etwas Neues bieten. Sonst denken die nämlich: Kenne ich alles schon. Wenn du in ein Kleidungsgeschäft gehst, willst du ja auch laufend neue Sachen sehen und nicht die Ladenhüter von der letzten Saison ...

Daher sollte deine Webseite unbedingt dynamische Elemente enthalten. Mara hat ja schon erzählt, wie du dich mit einem Blog als Expertin positionierst. Also deine Webseite sollte unbedingt einen Blog haben, wo du regelmäßig neue Artikel oder Videos veröffentlichst, die deinen Besucherinnen bei der Lösung ihrer Probleme helfen.

Wenn deine Webseite deine Besucherinnen weiterbringt und ihnen hilft, dann werden sie auch wieder kommen.

2. Eine Webseite 2.0 bietet den Besucherinnen Möglichkeiten zu Interaktion

Bei einer Webseite 2.0 können deine Besucherinnen auch mit dir in Interaktion kommen. Sie können dir Feedback geben, sie können sich einbringen.

Dafür musst du deinen Besucherinnen helfen.

Gestalte deine Webseite so, dass sie benutzerinnenfreundlich ist.

Hier ist weniger mehr. Hier wollen wir Überforderung vermeiden. Wenn jemand auf deine Webseite kommt und gar nicht weiß, wo sie klicken soll und dann weg ist, bringt dir das gar nichts.

Du musst die Menschen auf deiner Webseite führen, sie an die Hand nehmen und sagen, was als Nächstes zu tun ist.

Das ist ganz, ganz wichtig.

Sage ihnen, wie sie mit dir in Interaktion treten können. Nutze z.B. eine Kommentarfunktion unter deinen Blog-Artikeln, damit deine Leserinnen dort Kommentare hinterlassen können. Das schafft auch Vertrauen mit anderen Besucherinnen, wenn du da Kommentare hast.

Mara schreibt immer unter ihre Blog-Artikel: »Trag dich hier für Updates ein!«

Durch die Informationsüberflutung wissen die Menschen meistens nicht, was sie jetzt als Nächstes tun sollen.

Ja, das ist wirklich so. Sie fragen sich immer, was soll ich als Nächstes tun. Wenn du diese ungeklärte Fragen offen stehen lässt, dann verlierst du die Besucherinnen.

Kommuniziere stattdessen ganz klar und verständlich.

Beispiele:

- Trag dich hier ein ...
- Jetzt bestellen ...
- Klick jetzt hier ...
- Hinterlasse jetzt einen Kommentar ...

Verwende ein Plug-in unter deinen Blog-Artikeln, damit deine Besucherinnen, deine Artikel liken oder auf Facebook teilen können.

Und gib ihnen die Möglichkeit sich in deine E-Mail-Liste einzutragen, damit sie Updates von dir bekommen können, wenn ein neuer Blog-Artikel online ist.

3. Eine Webseite 2.0 baut Vertrauen mit den Besucherinnen auf und macht sie zu Fans

Das Wichtigste im Internet ist Vertrauen mit deinen Besucherinnen aufzubauen! Die kennen dich ja nicht! Die meisten Kundinnen von Mara und mir haben uns noch nie persönlich getroffen, trotzdem haben sie so viel Vertrauen zu uns, dass sie unsere Produkte kaufen.

Das kannst du auch erreichen!

Nutze Vertrauenselemente, sogenannte Social Proof Elemente.

Mit Social Proof zeigst du, dass du schon viele zufriedene Besucherinnen und Kundinnen hast, möglicherweise sogar schon richtige Fans! Menschen sind ja Herdentiere und wenn eine bei der anderen etwas gut findet, dann muss es ja gut sein.

- Das sind Beispiele für Social Proof Elemente:
- Platziere unbedingt ein Bild von dir auf der Webseite. Webseiten ohne Bilder von Menschen schaffen null Vertrauen!
- Platziere Kundinnenmeinungen mit Bild auf deiner Webseite.
- Nutze eine Facebook Like Box. Diese sieht man meistens auf der rechten Seite bei einer Webseite. Dort sind Bilder von Gesichtern von Fans zu sehen. Je mehr Fans du hast, umso mehr Vertrauen schafft das Ganze. Bitte erst platzieren, wenn du über 100 Fans hast. Sonst kann das auch in das Gegenteil gehen, weil sich die Besucherinnen wundern, warum du so wenig Fans hast.

Das ist der Social Proof Faktor. Alle sehen:

- Oh, ich bin nicht die Erste hier!
- Oh, sie hat ja schon ein paar Menschen erfolgreich gecoacht! Da muss ja was dran sein!

4. Eine Webseite 2.0 bringt neue Kundinnen und Umsätze

Mara hat dir ja schon im Buch erzählt, wie du eine eigene E-Mail-Liste aufbaust. Die Liste ist wirklich das A&O! Wenn du den

Besucherinnen auf deiner Webseite die Möglichkeit gibst, sich in deine E-Mail-Liste einzutragen, dann kannst du dir eine Liste mit Interessenten aufbauen, die in Zukunft deine Produkte und Dienstleistungen kaufen.

Also stelle sicher, dass es Möglichkeiten auf deiner Webseite gibt, sich in deine Liste einzutragen. Das wird Newsletter-Opt-In genannt. Mara hat solche Opt-Ins z.B. auf ihrer Startseite, unter jedem Blog-Artikel und in der Seitenleiste. Das ist die Leiste auf der rechten Seite deiner Webseite.

Dann musst du natürlich auch noch regelmäßig Newsletter schreiben und deine Interessenten über deine neuen Produkte und Dienstleistungen informieren.

Das waren schon meine 4 wichtigsten Tipps für dich, damit deine Webseite neue Kundinnen und Umsätze bringt. Ich hoffe, du hast jetzt ein paar Inspirationen und Tipps bekommen, die dich vorwärtsbringen.

Das ist immer mein Bestreben: dich mit Raketengeschwindigkeit vorwärtszubringen.

Norbert Hofer ist erfolgreicher Online-Unternehmer, Autor des Buches »Wordpress Crashkurs« und unterstützt als Trainer Menschen Schritt-für-Schritt dabei mit ihrer Berufung ein erfolgreiches Online-Business zu starten.

Die Vision des be wonderful! Verlags

Freude, Glück, Lebenslust und Erfolg sind Gefühle, die immer größer werden, je mehr wir sie teilen.

Freude, Glück, Lebenslust und Erfolg stehen im Mittelpunkt der Verlagstätigkeit von be wonderful!

Nicht jede Situation im Leben ist lustig und ja, es geschehen auch richtig miese Dinge, die sich wirklich schlecht anfühlen.

Die Autoren und Autorinnen im be wonderful! Verlag starten in ihren Büchern oftmals in genau solchen Situationen und den Gefühlszuständen, die vielleicht damit verbunden waren, bei den Fragen und Problemstellungen, vor denen du dich als Mensch in allen Lebensbereichen finden kannst und führen dich zu Antworten und Lösungen.

Selbstverantwortlich leben bedeutet, sich nicht als passives Opfer zu begreifen, sondern das eigene Leben aktiv zu gestalten.

Auf diesem Weg begleiten dich die Bücher im be wonderful! Verlag.

Die Zugänge der einzelnen Autoren und Autorinnen können sich stark unterscheiden – es gibt immer mehr als eine Lösung für jedes Problem und mehr als eine Antwort auf jede Frage.

Du findest beim be wonderful! Verlag Sachbücher, Ratgeber, Gedichtbände und persönliche Erfolgsgeschichten. Die Stilrichtungen sind so mannigfaltig wie die unendlichen Möglichkeiten, die die Zukunft für dich bereithält.

Das Beste an der Vergangenheit ist, dass sie vorbei ist und dir als Ressource und Erfahrungen in der Gegenwart dient, dem wichtigstem Moment der Zeit, dem Jetzt.

Ein glückliches und erfülltes Leben ist ein Recht, das du dir mit deiner Geburt erworben hast.

Hol es dir jetzt – mit Unterstützung von Büchern und Musik aus dem be wonderful! Verlag.

www.be-wonderful.at

Weitere Bücher im be wonderful! Verlag

Dr. Patrick K. Porter:

»Mit Vollgas zu Glück und Erfolg – Wie Sie erfolgreich durch ein Leben voller Stress steuern« (Deutsch von Thomas Oberbichler)

Wissenschaftliche Hintergründe, Gedankenexperimente und Übungen, Erfahrungsberichte und noch mehr zu Stressmanagement und Erfolg – eBook und Taschenbuch

»6 Geheimnisse eines G.E.N.I.E.S. - Aktivieren Sie Ihr ganzes Potential!«

Mit diesen Metaphern und Geschichten entfalten Sie Ihr ganzes Potential – eBook und Taschenbuch

Thomas »Tom« Oberbichler:

»Du darfst! 50 Tipps & Inspirationen – Erfolgreich Buch und eBook schreiben, veröffentlichen, vermarkten«

Aus der Praxis für die Praxis, die Impulse für deinen Erfolg als Autor, als Autorin – eBook und Taschenbuch

»Feedback erfolgreich nutzen – Konstruktiv mit negativen Rezensionen, Kommentaren, Kritik umgehen«

Angewandtes NLP nicht nur für Autoren und Autorinnen – eBook

»Ziele finden setzen erreichen – In 3 Schritten zu Ihrem Erfolg«

Ein praktisches Arbeitsbuch, mit dem Sie die für Sie richtigen Ziele finden, setzen, erreichen – eBook und Taschenbuch

»Meditation – Hypnose – Entspannung«

Eine Anleitung zur Selbsthypnose mit Atemübungen, Entspannungsübungen, Tranceinduktionen und -verführungen, 11 geführten Trancen – eBook und Taschenbuch

»Metaprogramme im NLP erkennen, verstehen, anwenden«

Einführung in die wichtigsten Metaprogramme mit starkem Praxisbezug – eBook und Taschenbuch

»be wonderful! Emotional erfolgreich mit angewandtem NLP«

Kurze Geschichten führen Sie in die Welt des NLP (Neurolinguistisches Programmieren) ein. Sie lernen bewusst wie anders-als-bewusst – eBook und Taschenbuch

»101 Tipps – Wie werde ich glücklich und emotional erfolgreich?«

101 praktische und erprobte Tipps – eBook und Taschenbuch

»Wandelnde Worte – Mit Trancegedichten vom Stress zur Entspannung«

Hypnotische Gedichte für Ihre Entspannung und Ihren Erfolg – eBook und Taschenbuch

Selbsthypnose-Downloads als mp3:

»Grundreinigung« – mp3 Download

»An- und Entspannung« – mp3 Download

»1, 2, 3, Los! Entspannt, motiviert, erfolgreich« – mp3 Download

»Schnellentspannung« – mp3 Download

Chris Pape und Tom Oberbichler:

»Erste Hilfe für deine High Performance: Das Erste-Hilfe Handbuch für deine Gedanken und Gefühle«

Ein Arbeitsbuch voller Geschichten und praktischer Übungen, die dir helfen dich in jeder Situation besser zu fühlen und gute Entscheidungen zu treffen.

Christiane Chris Pape:

»Bob's Tenderness«/Unicorn Records

14 Minuten Entspannungsmusik, live eingespielt mit Sansula und Meeresrauschen in Bajamar, Teneriffa - mp3 Download

»The Tenderness of Men«/Unicorn Records

40 Minuten Entspannungsmusik live mit Sansula – mp3 Download

»Herbstzeit-Loslassen«

29 Minuten gesprochene Trance mit live gespielter Sansula und Kalimba Musik - mp3 Download

Rubi Khen

»Plötzlich ohne dich – Aus der Trauer zu neuem Leben«

Der Tod ihrer Tochter, die Fassungslosigkeit, Trauer und Verzweiflung der Autorin stehen am Anfang dieses bewegenden Buchs, in dem Rubi Khen zeigt, wie sie zu neuem, positiven Leben gefunden hat.

Dagmar Araia

»Das war doch noch nicht alles! Neustart mit 50+«

Berufliche Perspektiven und Neuorientierung mit 50 +

Die Autorin bietet im ersten Teil eine Orientierungs- und Entscheidungshilfe im Beruf für Menschen mit 50+. Der zweite Teil ist eine praxisorientierte Handlungsanleitung auf dem Weg in die Selbstständigkeit.

Hier findest du die Bücher und Musikstücke des be wonderful! Verlags:

www.be-wonderful.at/verlag

Copyright und Haftungsausschluss

Copyright © 2015 be wonderful! e. U. Thomas Oberbichler und Dr. Margret Stix

be wonderful! Verlag www.be-wonderful.at

Hernalser Hauptstraße 45/22

1170 Wien

Österreich

Cover: Daniel Morawek www.danielmorawek.de

Fotos: Doris Fastenmeier www.midnightsun.at

Copyright: *Alle Rechte sind vorbehalten. Kein Teil dieser Publikation darf ohne die schriftliche Zustimmung von be wonderful! e. U - Thomas Oberbichler in irgendeiner Form oder mit irgendwelchen Mitteln, elektronisch oder mechanisch, vervielfältigt oder übertragen werden. Das beinhaltet Fotokopieren, Aufnahmen und jede Form der Informationsablage, die bekannt ist oder erfunden wird. Ausgenommen sind nur Rezensent_innen, die kurze Ausschnitte im Zusammenhang mit einer Rezension in einer Zeitung, einem Magazin, Video, einer Sendung oder im Internet zitieren.*

Haftungsausschluss: *Dieses Buch ist konzipiert Informationen in Bezug auf den behandelnden Gegenstand zur Verfügung zu stellen. Es ist der Zweck dieses Buchs zu bilden und zu unterhalten. Weder der Verlag be wonderful! e. U , Thomas Oberbichler, Dr. Margret Stix noch irgendein_e Händler_in oder Importeur_in haftet gegenüber der Käuferin oder dem Käufer oder irgendeiner anderen Person oder Gesellschaft in Bezug auf irgendeine Haftung, Verluste oder Schäden, die direkt oder indirekt von diesem Buch verursacht oder angeblich verursacht wurden.*

Printed in Germany
by Amazon Distribution
GmbH, Leipzig